尼玛年鉴

༄༅། །ཉི་མའི་ལོ་རིམ་མེ་ལོང་།

2020

NIMA YEARBOOK 2020

（总第五卷）

尼玛年鉴编辑部 编

方志出版社
Publishing House of Local Records

图书在版编目（CIP）数据

尼玛年鉴. 2020 / 尼玛年鉴编辑部编. —北京 ：
方志出版社，2020.12
ISBN 978-7-5144-4781-1

Ⅰ. ①尼… Ⅱ. ①尼… Ⅲ. ①尼玛县－2020－年鉴
Ⅳ. ①Z527.54

中国版本图书馆 CIP 数据核字(2022)第 136674 号

责任编辑：李静
责任校对：刘玉霞
责任印制：赵楚
出 版 者：方志出版社
地　　址：北京市朝阳区潘家园东里 9 号（国家方志馆 4 层）
邮　　编：100021
网　　址：http://www.zgfzcb.cn
发　　行：方志出版社图书营销中心（010-67110500）
印　　刷：北京中科印刷有限公司
开　　本：889 毫米×1194 毫米　1/16
印　　张：8.75
字　　数：502 千字
版　　次：2020 年 12 月第 1 版
印　　次：2020 年 12 月第 1 次印刷
定　　价：198.00 元

尼玛年鉴编纂委员会

尼玛年鉴编辑部

编 辑 说 明

一、《尼玛年鉴（2020）》坚持以马克思列宁主义、毛泽东思想、邓小平理论、“三个代表”重要思想、科学发展观、习近平新时代中国特色社会主义思想为指导，坚持辩证唯物主义和历史唯物主义的立场、观点和方法。坚持“存真求实、质量第一”的原则，全面记述尼玛县委、县政府带领全县人民开拓创新、务实发展的历程，力争展现2019年全县经济、社会、生态各项事业发展中取得的新成绩、新经验，为实现全县科学发展提供决策依据和借鉴，为广大读者了解和研究尼玛县提供资料和信息。

二、《尼玛年鉴》是在尼玛县委、县政府的领导下，由尼玛年鉴编辑部编纂的县级地方资料性文献。2016年开始，每年1卷，公开出版发行。《尼玛年鉴（2020）》为第五卷。本年鉴时限为2019年1月1日至12月31日，为保持记述事物的完整性，部分内容适当上溯或下延。

三、本年鉴采用分类编辑法，由类目、分目、条目三级组成，部分分目下设子目。条目标题统一用黑体字加【 】表示。设特载、大事记、尼玛县概览、中共尼玛县委员会、尼玛县人民代表大会、尼玛县人民政府、政协尼玛县委员会、纪检监察、法治、军事、人民团体、经济管理、财税·金融、文化·旅游·气象·传媒、农业、交通·通信、商贸、环境保护·城乡建设、教育·科技、卫生、社会生活、乡镇、附录等23个类目。

四、本年鉴所载信息由全县各机关、企事业单位、各乡镇及公司提供，经尼玛年鉴编辑部整理编纂、编委会审查。所用统计资料由尼玛县统计局提供，正文中数据由各部门提供。因统计口径不同等原因，有关部门所用个别数据与统计资料中的数据不一致，引用时请以统计局统计数据为准。

五、凡直书月、日，未写年份，即为2019年。数据增减比较，即为2019年与2018年比较。

3 月 7 日，自治区副主席多吉次珠（左四）督导检查尼玛县文化工作

3 月 15 日，市政协主席才仁郎公（右二）在尼玛县检查指导劳务输出工作

5 月 13 日，自治区交通运输厅党委书记万超岐（右二）督导检查尼玛县交通路线区划工作

5 月 30 日，市委书记松吉扎西（左三）检查指导尼玛县军仓乡易地搬迁工作，图为检查房屋建设情况

7月8日，自治区党委常委、宣传部部长边巴扎西（前排左二）在尼玛县文布乡调研指导宣传思想文化工作，市政协副主席、县委书记徐建陪同（左一）

8月19日，市政协副主席西绕加措（右一）督导检查脱贫攻坚工作

11 月 7 日，那曲市中级人民法院党组书记、院长旺扎（右二）一行工作组到尼玛县人民法院检查指导工作

12 月 4 日，自治区卫健委党组成员、自治区人民医院党委书记蒲智（左四）一行的“万名医师团”到尼玛县人民医院开展医疗帮扶工作

5月4日，市政协副主席、尼玛县委书记徐建（右二）在军仓乡贫困户家进行家访

8 月 14 日，县委副书记、县长旦巴（中）到俄久乡督导检查脱贫攻坚工作

12 月 18 日，县委副书记、人大常委会主任次仁达培（右二）在军仓乡各村（居）检查指导抗灾救灾物资储备情况

目 录

特 载

中共尼玛县委五届四次全会暨县委经济工作会议上的工作报告…… 1

大事记

1 月…… 8
2 月…… 8
3 月…… 9
4 月…… 9
5 月…… 10
6 月…… 10
7 月…… 11
8 月…… 11
9 月…… 11
10 月…… 12
11 月…… 12
12 月…… 12

尼玛县概览

地理位置…… 13
气候…… 13
土地资源…… 13
动植物…… 13
地热资源…… 13
建置区划…… 13

中共尼玛县委员会

综 述

概况…… 14
党建工作…… 14
发展党员…… 14
干部培训…… 14
主题教育…… 14
党风廉政…… 15
督查室工作…… 15
档案工作…… 15
县委 2019 年负责人名录 …… 15

组织工作

概况…… 16
干部队伍…… 16
干部培养…… 16
干部关爱…… 16
老干部工作…… 17
组织部 2019 年负责人名录 …… 17

宣传工作

媒体宣传…… 17

思想与工作…………………………………………… 17
理论武装…………………………………………… 17
宣讲工作…………………………………………… 18
精神文明建设……………………………………… 18
文化市场监管……………………………………… 19
荣誉………………………………………………… 19
脱贫攻坚…………………………………………… 19
宣传部 2019 年负责人名录 ……………………… 19

统战工作

概况………………………………………………… 20
党建工作…………………………………………… 20
精准脱贫…………………………………………… 20
培训工作…………………………………………… 20
民族工作…………………………………………… 20
宣传教育…………………………………………… 21
模范工作…………………………………………… 21
廉政建设…………………………………………… 21
统战民宗 2019 年负责人名录 …………………… 21

强基础惠民生

概况………………………………………………… 22
思想教育…………………………………………… 22
脱贫攻坚…………………………………………… 22
加强村（居）“两委”班子 ……………………… 22
学习政策…………………………………………… 22
主题教育…………………………………………… 22
法制宣传…………………………………………… 23
落实惠民政策……………………………………… 23
精神文明建设……………………………………… 23
强基办 2019 年负责人名录 ……………………… 24

县机关工委

组织领导…………………………………………… 24
党的建设…………………………………………… 24
党务培训…………………………………………… 24
基层组织…………………………………………… 24
机关工作委员会 2019 年负责人名录 …………… 24

县国安办

概况………………………………………………… 24
安全教育…………………………………………… 24
社会治安…………………………………………… 24
国安办 2019 年负责人名录 ……………………… 25

县委巡察工作

概况………………………………………………… 25
组织领导…………………………………………… 25
巡察工作…………………………………………… 26
巡察办 2019 年负责人名录 ……………………… 26

信访工作

党建………………………………………………… 26
机构改革…………………………………………… 27
群众信访…………………………………………… 27
矛盾纠纷化解……………………………………… 27
领导接访下访……………………………………… 27
脱贫攻坚…………………………………………… 27
信访局 2019 年负责人名录 ……………………… 27

援藏单位

援藏项目…………………………………………… 27
人才培养…………………………………………… 28
技能培训…………………………………………… 28
文化交流…………………………………………… 28
党建………………………………………………… 28
教育………………………………………………… 28
精准扶贫…………………………………………… 28

尼玛县人民代表大会

重要会议

尼玛县第六届人民代表大会第五次会议……… 30

重要决议

议案………………………………………………… 30
人事任免…………………………………………… 30

监督工作

一府两院…………………………………………… 30
精准扶贫…………………………………………… 31
县人民代表大会常务委员会 2019 年
负责人名录……………………………………… 31

尼玛县人民政府

综　述

概况………………………………………………… 32
精准扶贫…………………………………………… 32
生态建设…………………………………………… 32
防范重大风险……………………………………… 32
基础建设…………………………………………… 32
城市建设…………………………………………… 32
农林水利…………………………………………… 32
能源建设…………………………………………… 33
民生项目…………………………………………… 33
教育………………………………………………… 33
就业………………………………………………… 33
医疗………………………………………………… 33
文化………………………………………………… 33
援藏………………………………………………… 33
社会兜底…………………………………………… 33
牧业………………………………………………… 34
旅游………………………………………………… 34
招商引资…………………………………………… 34
提案议案…………………………………………… 34
尼玛县政府 2019 年负责人名录 ……………… 34

脱贫攻坚

概况………………………………………………… 34
党建引领助脱贫…………………………………… 34
产业扶贫…………………………………………… 35
转移就业…………………………………………… 35
易地搬迁…………………………………………… 35
教育脱贫…………………………………………… 35
生态建设…………………………………………… 35
兜底保障…………………………………………… 35
惠民政策…………………………………………… 35
结对帮扶…………………………………………… 36
督查检查…………………………………………… 36
巡视整改…………………………………………… 36
脱贫攻坚指挥部 2019 年负责人名录 ………… 36

行政审批和便民服务

概况………………………………………………… 36
大厅建设…………………………………………… 37
数据录入…………………………………………… 37
政务注册…………………………………………… 37
行政审批和便民服务局 2019 年负责人名录 … 37

应急管理

概况………………………………………………… 37
重要会议…………………………………………… 37
签订目标责任……………………………………… 37
安全隐患排查……………………………………… 37
培训及演练………………………………………… 38
宣传教育…………………………………………… 38
摸排统计…………………………………………… 38
治理安全隐患……………………………………… 38
应急管理局 2019 年负责人名录 ……………… 39

消　防

概况…… 39
落实消防责任制…… 39
消防监督执法…… 39
消防宣传教育…… 39
消防检查…… 39
消防训练…… 39
其他工作…… 39
消防大队 2019 年负责人名录 …… 39

政协尼玛县委员会

重要会议

政协尼玛县委员会第六届四次会议…… 40
理论学习…… 40
提案建议…… 40
培训…… 40
精准扶贫…… 40
文化系列丛书…… 40
政协尼玛县委员会 2019 年负责人名录 …… 40

纪检监察

综　述

概况…… 41
监察推向基层…… 41
正风肃纪…… 41
执纪审查…… 42
廉政教育…… 42
重要会议…… 42
巡察监督…… 42
专项治理…… 43
自身建设…… 43
县纪委、监察委员会 2019 年负责人名录 …… 44

法　治

政法委及综治

概况…… 45
专项整治…… 45
综合治理…… 45
脱贫攻坚…… 45
党风廉政…… 45
普法宣传…… 45
政法委 2019 年负责人名录 …… 46

公　安

治安工作…… 46
户籍管理…… 46
综合治理…… 46
执法建设…… 46
执法监督…… 46
案管中心建设…… 47
扫黑除恶专项斗争…… 47
脱贫攻坚…… 47
廉政建设…… 47
人口管理…… 47
危爆物品管理…… 47
治安管理…… 48
公安局 2019 年负责人名录 …… 48

检　察

概况…… 48
扫黑除恶…… 48
法律监督…… 48
未成年人教育…… 48
检察改革…… 48
宣传工作…… 49
脱贫攻坚…… 49

廉政建设…… 49
人民检察院 2019 年负责人名录 …… 49

法 院

机构…… 49
审判执行…… 49
司法公开…… 50
刑事审判…… 50
陪审员管理…… 50
司法救助…… 50
援藏工作…… 50
审判建设…… 50
案件受理…… 50
民事审判…… 50
执行工作…… 50
脱贫攻坚…… 50
党建工作…… 51
廉政建设…… 51
荣誉…… 51
人民法院 2019 年负责人名录 …… 51

司法行政

调解工作…… 51
安置帮扶…… 51
普法宣传…… 52
社区矫正…… 52
法律援助…… 52
律师工作…… 52
脱贫攻坚…… 52
廉政建设…… 52
司法局 2019 年负责人名录 …… 53

军 事

人民武装

概况…… 54
思想政治建设…… 54
后勤保障…… 54

武警中队

概况…… 54
政治教育…… 54

人民团体

工 会

概况…… 55
慰问活动…… 55
帮扶救助…… 55
帮扶职工…… 55
精准扶贫…… 55
“两癌”筛查 …… 56
工会改革…… 56
举办活动…… 56
劳模推选…… 56
主题活动…… 56
“八大群体”入会工作 …… 56
尼玛县总工会 2019 年负责人名录 …… 56

共青团

基本情况…… 56
组织建设…… 56
队伍建设…… 56
理论学习…… 56
道德教育…… 57
文艺活动…… 57
法制宣传…… 57
关爱行动…… 57
尼玛县共青团 2019 年负责人名录 …… 57

妇 联

概况…… 57

思想教育…… 57
法治教育…… 58
精神文明创建…… 58
帮扶慰问…… 58
妇联 2019 年负责人名录 …… 58

经济管理

发展改革工作

概况…… 59
工业信息…… 59
旅游产业…… 59
商贸经济…… 59
重点项目…… 59
脱贫攻坚…… 59
“十四五”规划 …… 59
简政放权…… 60
发改委 2019 年负责人名录 …… 60

经济和信息化

概况…… 60
农牧民合作社…… 60
信息化建设…… 60
配送碘盐…… 60
账款清理…… 60
非法集资排查…… 60
经济和信息化局 2019 年负责人名录 …… 60

农牧业

概况…… 60
接羔育幼…… 60
成畜死亡…… 61
农作物播种…… 61

财税 · 金融

财　政

预算收支…… 62
“八大支出”…… 62
预决算编制…… 62
业务培训…… 62
监督工作…… 62
国库集中支付改革…… 63
乡（镇）财政建设…… 63
惠民帐篷发放…… 63
财政局 2019 年负责人名录 …… 63

税　务

概况…… 63
廉政…… 63
减税…… 63
社保及非税收…… 63
税务局 2019 年负责人名录 …… 64

金　融

机构…… 64
业务…… 64
“三农”金融服务 …… 64
中国农业银行股份有限公司尼玛县支行 2019 年负责人名录…… 64

文化 · 旅游 · 气象 · 传媒

文　化

公共文化…… 65
文艺演出…… 65

非遗保护…… 65
市场监督…… 65
督导检查…… 65
文物项目…… 66
文化产业…… 66

旅 游

概况…… 66
项目建设…… 66
旅游规划…… 66
旅游宣传…… 66
行业管理…… 67
考察学习…… 67
文旅局 2019 年负责人名录 …… 67

藏语委办（编译局）

概况…… 67
社会用字…… 67
新词术语的学习使用和普及…… 67
宣传教育…… 67
名录汇编…… 67
编译局 2019 年负责人名录 …… 67

气 象

概况…… 67
气象体系建设…… 68
应急管理…… 68
基础设施…… 68
防雷安全…… 68
气象局 2019 年负责人名录 …… 68

文化广播电影电视中心

概况…… 68
新闻宣传…… 68
电视新闻…… 68
创新节目…… 68
项目建设…… 68
电影放映…… 68
文化广播电影电视中心 2019 年负责人名录 … 68

农 业

农业农村

概况…… 69
防灾减灾…… 69
畜牧业产业…… 69
兑现惠民政策…… 69
新型经营主体…… 69
畜种结构调整…… 69
基础设施…… 69
集体产权改革…… 69
动物疫病防控…… 70
包虫病防治…… 70
监督检查…… 70
春耕播种…… 70
申报“三农”补短板项目…… 70
农业农村局 2019 年负责人名录 …… 70

水 利

概况…… 70
工程监督…… 70
质量监管…… 71
水资源管理…… 71
防汛抗旱…… 71
排查情况…… 71
水土保持…… 71
廉政建设…… 71
河（湖）长制…… 72
宣传培训…… 72
清理垃圾…… 72
水利局 2019 年负责人名录 …… 72

交通·通信

交通运输

概况…………………………………………………… 73
党建…………………………………………………… 73
道路监管……………………………………………… 73
道路养护……………………………………………… 74
运营…………………………………………………… 74
项目监管……………………………………………… 74
精准扶贫……………………………………………… 74
交通运输局 2019 年负责人名录 ……………… 74

移动尼玛县分公司

概况…………………………………………………… 74
网络运营……………………………………………… 75
服务管理……………………………………………… 75
质量管理……………………………………………… 75
移动尼玛县分公司 2019 年负责人名录 ……… 75

电信尼玛县分公司

概况…………………………………………………… 75
电信尼玛县分公司 2019 年负责人名录 ……… 75

商　贸

商务局

概况…………………………………………………… 76
招商引资……………………………………………… 76
重大项目……………………………………………… 76
安全生产……………………………………………… 76
商务局 2019 年负责人名录 …………………… 76

中石油尼玛加油站

安全方面……………………………………………… 77
经营情况……………………………………………… 77
中石油尼玛加油站 2019 年负责人名录 ……… 77

供　电

概况…………………………………………………… 77
安全生产……………………………………………… 77
项目建设……………………………………………… 77
尼玛县供电有限公司 2019 年负责人名录 …… 77

环境保护·城乡建设

自然资源管理

概况…………………………………………………… 78
第三次全国国土调查………………………………… 78
土地出让……………………………………………… 78
不动产办理…………………………………………… 78
农村集体土地所有权确权登记……………………… 78
矿产资源……………………………………………… 78
野生动物保护………………………………………… 78
湿地保护……………………………………………… 79
“两江四河”………………………………………… 79
生态岗位……………………………………………… 79
自然资源局 2019 年负责人名录 ……………… 79

生态保护

概况…………………………………………………… 79
环境状况……………………………………………… 79
污染防治……………………………………………… 79
生态红线……………………………………………… 79
环境监理……………………………………………… 79
“白色污染”防治 ………………………………… 80
环境信访……………………………………………… 80
那曲市生态环保局尼玛县分局 2019 年
负责人名录………………………………………… 80

住房和城乡建设

概况…………………………………………………… 80

城区规划…………………………………… 80
重点工程…………………………………… 80
易地搬迁附属建设………………………… 80
“厕所革命”………………………………… 80
公租房建设………………………………… 80
棚户区改造………………………………… 80
排查隐患…………………………………… 80
非法集资整治……………………………… 81
工程监管…………………………………… 81
抗震改造补助……………………………… 81
精准扶贫…………………………………… 81
危房改造…………………………………… 81
住房和城乡建设局 2019 年负责人名录 ……… 81

城市管理和综合执法

概况………………………………………… 81
非机动车道治理…………………………… 81
马路市场治理……………………………… 81
其他管理…………………………………… 81
城市管理和综合执法局 2019 年负责人名录 … 81

教育·科技

教　育

概况………………………………………… 82
德育………………………………………… 82
队伍建设…………………………………… 82
教研………………………………………… 82
教学大赛…………………………………… 82
校园安全…………………………………… 82
教育信息化………………………………… 83
教育经费…………………………………… 83
教育督导…………………………………… 83
教体局 2019 年负责人名录 ………………… 83

中　学

概况………………………………………… 83
德育教育…………………………………… 83
安全管理…………………………………… 83
教师队伍建设……………………………… 83
“双联户”服务 …………………………… 84
驻村工作…………………………………… 84
精准帮扶…………………………………… 84
县中学 2019 年负责人名录 ………………… 84

完全小学

概况………………………………………… 84
校园管理…………………………………… 84
德育工作…………………………………… 84
尼玛县完全小学 2019 年负责人名录 ……… 84

第二小学

德育建设…………………………………… 84
教学工作…………………………………… 84
教师队伍…………………………………… 85
尼玛县第二小学 2019 年负责人名录 ……… 85

幼儿园

概况………………………………………… 85
教学管理…………………………………… 85
德育工作…………………………………… 85
安全管理…………………………………… 85
家园共育…………………………………… 86
幼儿园 2019 年负责人名录 ………………… 86

科　技

机构………………………………………… 86
宣传工作…………………………………… 86
兑现补助…………………………………… 86

项目……86
组织培训……86
科技下乡……86
科技局 2019 年负责人名录……86

卫　生

卫健委

概况……87
数据核实……87
家庭医生签约……87
公共卫生服务……87
脱贫攻坚……88
“高原病”筛查……88
医疗援助……88
专技人才……88
妇幼计生……88
疾病预防……88
疫苗接种……89
健康扶贫……89
基层经费……89
培训工作……89
宣传工作……89
卫健委 2019 年负责人名录……89

人民医院

概况……89
妇幼保健站（妇产科）……90
免费体检服务……90
护理事业……90
临床诊疗……90
脱贫攻坚……90
人民医院 2019 年负责人名录……90

藏医院

概况……90
藏医院 2019 年负责人名录……90

医疗保障

概况……91
农村医疗……91
医疗救助……91
脱贫攻坚……91
各项报销……91
医疗保障局 2019 年负责人名录……91

社会生活

民　政

概况……92
政策宣传……92
项目建设……92
集中供养……92
社会福利……92
婚姻登记……92
民政局 2019 年负责人名录……92

人力资源与社会保障

概况……92
宣传工作……93
岗位开发……93
技能培训……93
高校就业……93
人力资源与社会保障局 2019 年负责人名录……93

退役军人事务

概况……93
政策宣传……94
脱贫攻坚……94
退役军人事务局 2019 年负责人名录……94

乡 镇

尼玛镇
概况…… 95
牧业…… 95
生态补偿…… 95
经济合作社…… 95
教育事业…… 95
宣传工作…… 95
卫生事业…… 95
民生保障…… 95
生态环境…… 96
精准扶贫…… 96
强基惠民…… 96
尼玛镇 2019 年负责人名录 …… 96

申亚乡
概况…… 96
脱贫扶贫…… 96
人大工作…… 96
生态环保…… 96
牧业生产…… 96
教育事业…… 97
文化事业…… 97
医疗卫生…… 97
社会保障…… 97
基础建设…… 97
申亚乡 2019 年负责人名录 …… 97

卓瓦乡
概况…… 97
脱贫攻坚…… 97
文化…… 98
卫生…… 98
生态环保…… 98
人大工作…… 98
卓瓦乡 2019 年负责人名录 …… 98

吉瓦乡
概况…… 98
教育…… 98
转移就业…… 98
社会保障…… 99
卫生…… 99
政策宣传…… 99
文化…… 99
吉瓦乡镇 2019 年负责人名录 …… 99

卓尼乡
概况…… 99
农牧…… 99
脱贫攻坚…… 99
教育…… 100
文化…… 100
医疗卫生…… 100
社会保障…… 100
卓尼乡 2019 年负责人名录 …… 100

甲谷乡
概况…… 100
精准扶贫…… 100
生态环保…… 100
农牧…… 100
教育…… 101
文化…… 101
综合治理…… 101
甲谷乡 2019 年负责人名录 …… 101

达果乡
概况…… 101
精准扶贫…… 101

农牧业…… 102
人大工作…… 102
环保综合…… 102
教育事业…… 102
医疗卫生…… 102
安监管理…… 103
社会保障…… 103
达果乡 2019 年负责人名录 …… 104

阿索乡

概况…… 104
牧业…… 104
教育…… 104
文化建设…… 104
安全生产…… 104
脱贫攻坚…… 104
生态环保…… 104
文化建设…… 105
强基惠民…… 105
阿索乡 2019 年负责人名录 …… 105

荣玛乡

概况…… 105
教育…… 105
脱贫攻坚…… 105
人大工作…… 105
生态环保…… 106
文化建设…… 106
医疗卫生…… 106
安全生产…… 107
社会保障…… 107
宣传工作…… 107
荣玛乡 2019 年负责人名录 …… 107

中仓乡

概况…… 107
畜牧业经济…… 108
精准扶贫…… 108
社会保障…… 108
教育…… 108
卫生…… 108
文化事业…… 108
生态补助…… 108
安全生产…… 108
生态环保…… 109
中仓乡 2019 年负责人名录 …… 109

俄久乡

概况…… 109
精准扶贫…… 109
人大工作…… 109
生态环保…… 110
农牧…… 110
教育…… 110
文化…… 110
卫生医疗…… 110
安全生产监管…… 110
社会保障…… 111
强基惠民…… 111
俄久乡 2019 年负责人名录 …… 111

军仓乡

概况…… 111
人大工作…… 111
脱贫攻坚…… 111
生态补偿…… 112
文化建设…… 112
安全生产…… 112
民政…… 112
卫生医疗…… 112
防灾减灾…… 112
强基惠民…… 113

军仓乡 2019 年负责人名录 …………………… 113

文布乡

概况…………………………………………… 113
畜牧业………………………………………… 113
农业…………………………………………… 113
精准扶贫……………………………………… 113
教育事业……………………………………… 114
医疗卫生……………………………………… 114
文化事业……………………………………… 114
社会保障……………………………………… 114
生态文明……………………………………… 115
安全生产……………………………………… 115
文布乡 2019 年负责人名录 …………………… 115

附　录……………………………………………116

特　载

中共尼玛县委五届四次全会暨县委经济工作会议上的工作报告

（2020年4月2日）

市政协副主席、县委书记　徐　建

县委五届三次全会以来，面对改革发展稳定的重要任务和人民群众的殷切期望，县委团结带领全县各族干部群众，高举习近平新时代中国特色社会主义思想伟大旗帜，深入学习贯彻党的十九大和十九届二中、三中、四中全会精神，贯彻落实中央第六次西藏工作座谈会和自治区党委九届历次全会精神，紧紧围绕市委、市政府各项决策部署，坚持稳中求进、进中求好、补齐短板的工作总基调，理清思路、统筹全局，狠抓落实、力求突破，取得脱贫攻坚战的决定性胜利，确保喜迎中华人民共和国成立70周年和西藏民主改革60周年和谐稳定，推动各项事业取得新成就，保持全县经济社会持续健康发展的良好态势。

一、践行“两个维护”，坚持用习近平新时代中国特色社会主义思想武装头脑、指导实践、推动工作

坚持把学习宣传贯彻习近平新时代中国特色社会主义思想、十九大精神和党中央、自治区党委、市委历次全会精神和系列会议精神作为首要的政治任务和“一把手”工程，强化党员干部的理论武装，扎实做好学习宣传、贯彻落实各项工作。

（一）深入学习宣传贯彻习近平新时代中国特色社会主义思想。县委理论学习中心组率先垂范，研究制定学习计划，定期组织学习会，及时传达学习党中央、自治区党委、市委一系列会议精神，特别是习近平总书记系列重要讲话精神，先后召开理论学习中心组会议29次，交流讨论3次，1600余人次参加会议；邀请专家辅导讲座6次，各乡（镇）党委、县直各党委（党组）组织理论学习中心组会议378次、6174人次参加会议，不断强化广大党员干部的理论武装，切实把思想和行动统一到党的各项方针政策上来。

（二）扎实开展“不忘初心、牢记使命”主题教育。按照“守初心、担使命，找差距、抓落实”的总要求，把学习教育、调查研究、检视问题、整改落实贯穿主题教育全过程，完善学习制度、固定学习频次，不断推进“两学一做”学习教育常态化制度化建设。县级领导带头讲党课37次，党支部书记讲党课145次，每名党员撰写心得体会3篇以上；组织应知应会理论测试15场次，专题研讨1278次，集中学习3000余次；组建由30名县级干部带队的15个工作组在全县范围内开展调研工作，发现问题102个，立行立改18个，

84个问题整改初见成效；开展党员政治教育29期1115人；全体党员公开承诺事项1200余件。推动主题教育实现理论学习有新收获、思想政治有新升华、干事创业有新担当、为民服务有新作为、政治生态有新净化，满意度测评结果达100%。

（三）全方位深化群众思想教育引导。充分利用县广播电视台、微信公众号、尼玛新闻、网信尼玛、同心圆微信矩阵等新闻媒体和宣传栏、LED显示屏、乡村大喇叭等社会媒介，充分发挥驻村工作队、村（居）“第一书记”、驻寺干部、农牧民宣讲员、“先进双联户”的作用，深入村（居）、放牧点，加大对习近平新时代中国特色社会主义思想，十九届四中全会精神，自治区党委九届五次、六次、七次全会精神，脱贫攻坚政策知识，惠民政策等方面的宣讲力度，宣讲覆盖面达100%。持续深入开展“四讲四爱”群众教育实践活动和“爱讲树”主题教育活动。截至2019年底，全县共制作横幅423条、活动展板109张、宣传册（单）9071张，成立各级宣讲组（队）389个，涉及人员1577人，开展宣讲1376场次，受教人数达6.12万余人次。同时，在全县干部群众中开展“羌塘儿女报党恩”“3·28升国旗唱国歌”“唱支山歌给党听”群众微拍等各类实践活动531场次，让农牧民群众更加清楚惠从何来、惠在何处，深深感受到习近平总书记和党中央的亲切关怀、似海恩情，进一步坚定感党恩、听党话、跟党走的信心和决心。有序推进新时代文明实践中心工作，组建完成县乡村三级新时代文明实践中心（所、站），配齐配强工作人员，成立44个志愿队伍（其中志愿总队1个）。全年共开展志愿服务活动156场，发放宣传册6290余份、张贴海报45张、悬挂横幅25条，参与志愿者1020余人次、群众14530人次。

二、坚持以人民为中心，推动经济社会持续健康发展

牢固树立以人民为中心的发展思想，贯彻落实新发展理念和“六稳”要求，以供给侧结构性改革为主线，以正确处理好“十三对关系”为根本方法，切实解决群众最关心、最直接、最现实的利益问题，各族群众的获得感、幸福感、安全感不断增强。2019年，全县生产总值预计完成8.88亿元，同比增长10%；固定资产投资预计完成11.75亿元，完成市下达目标的56.65%，主要原因是国投力度降低，防范化解重大风险，千万及亿元以上投资下滑严重，导致该指标整体表现不佳；社会消费品零售总额预计完成1.69亿元，同比增长6.5%；农牧民人均可支配收入完成12480元，同比增长12.5%；城镇居民可支配收入预计完成3.66万元，同比增长10%；县财政收入预计完成2975万元，同比下降12.19%。

（一）脱贫攻坚战取得决定性胜利。贯彻落实党中央、自治区党委、市委关于脱贫攻坚工作的部署要求，聚焦“两不愁三保障”，突出“六个精准”、实施“五个一批”，扎实推进脱贫攻坚各项工作。2019年动态调整后，共有建档立卡贫困户2335户9560人。四年来累计减贫2335户9560人，脱贫人口全部实现“两不愁三保障”，贫困发生率从25.26%下降至0%，群众认可度达到99.96%，实现贫困人口稳定脱贫、贫困村（居）有序退出、全县脱贫摘帽。一是“两不愁三保障”得到全面落实。保证每户牧户家庭3个月粮食储备和2套以上干净换洗衣物；积极开展控辍保学劝返工作，2019年，摸排疑似辍学学生231名、实际辍学151名、教育劝返151名。同时，对61名残疾学生开展送教上门，实现义务教育阶段入学率达100%的目标；基本医疗有保障，实施建档立卡“三个一批”和“签约服务”工作，医疗救治1563人次，报销金额1208万元，实施医疗救助1458人次、救助金额210.7万元，家庭医生签约管理服务率达100%，全县建档立卡贫困人口体检率达100%；住房安全有保障，投资1504.72万元改造完成960户群众危房。

二是完善扶贫产业利益联结。2016年至2019年，累计实施扶贫产业项目43个，总投资4.45亿元，投入运营项目38个，实现利益联结全覆盖，贫困户直接分红14226人次，现金分红627.88万元；稳定就业1419人，临时就业193人，现金收益441.74万元；993户群众通过草场流转等实现租金收益53.79万元；777户群众通过订单式出售产业原材料酬金收益430.06万元。建档立卡贫困户通过各项分红、草场租金、劳务输出等方式实现产业带动收益1821.99万元。三是完成易地扶贫搬迁工作。规划实施易地搬迁1224户4471人，累计实施集中安置点24个、分散安置点49个，项目完工率100%，搬迁入住1224户4471人、入住率达100%。扶贫产业对接5107人、分红403.69万元，解决群众后顾之忧。投入援藏资金2000万元和县财政配套资金1359.49万元，解决居民饮水、排水、供电、供暖、道路硬化、通信网络、环境绿化、亮化配套等基础设施建设。四是狠抓转移就业工作。全县建档立卡贫困户就业3018人，累计实现收入2765.81万元；技能培训362人，培训后就业246人。安排符合生态岗位遴选条件10354人，兑现资金3623.9万元。五是积极开展援藏扶贫。2019年，中国海油援助资金4000万元，实施扶贫综合体、易地搬迁住宿点配套工程等“交支票”项目13个，扶贫领域资金投入3850万元，援藏资金投入扶贫领域达96.25%。同时，中国海油“救急难”“贫困学生结对子”“送爱心”救助近70万元。

（二）基础设施建设不断改善。2019年全县开复工项目共计183项，涉及农林水利、交通、教育、文化、卫生、市政基础等项目，总投资43.58亿元，完成投资11.75亿元。水利工程建设不断推进，总投资4966.43万元，实施尼玛县新城区防洪堤建设项目、申亚乡虾嘎荣藏布格玛段山洪治理工程、尼玛县高效节水灌溉工程；总投资6734.92万元，建成农村饮水安全巩固提升工程960处，受益人口达2.32万人。对全县农村饮水点进行全覆盖的水质安全检测。电力建设得到质的提升，110千伏输变电工程主体全面建成，县城正式接入国家电网，下一步将加快推进主体电网向乡（镇）、村（居）延伸工作，有效解决全县生产生活用电难的问题。道路交通网络基本形成，全年续建农村公路27条，解决10个乡（镇）、35个建制村通畅问题，完工后乡（镇）、行政村通达率达100%（含在建），建制村通畅率达50%。市开通至乡（镇）2条班线，覆盖中仓乡、阿索乡、文布乡、来多乡、甲谷乡和达果乡，中国海油援助开通县城—文布乡—来多乡—军仓乡和县城—申亚乡—卓尼乡—卓瓦乡2条客运班线，有效缓解牧民群众出行难问题。通信信号实现全覆盖，新建通信基站22座，全县通信基站达到180个，实现乡（镇）、行政村通信信号覆盖率100%，乡（镇）宽带覆盖率100%，行政村电普网络覆盖率100%。推进“互联网+政务服务”工作，实施电子政务外网点位137个，法人注册9个，网上办件量2万余件，“OA”办公系统投入使用，提升政府服务能力。市政项目建设有力推进，2019年，共投资5979.3万元，实施县城易地搬迁附属项目、文明小区市政道路建设项目、县城污水处理厂建设项目及文育路北侧周转房卫生间改造工程项目。县城污水处理厂建设项目总体进度为95%，其余项目全部实施完毕。

（三）公共服务能力加快提升。一是科技事业稳步推进。全县选聘科技特派员148名，兑现科技特派员生活补助资金88.8万元；申报2019年“三区”科技人才11名，兑现生活补助资金22万元。向农牧民群众发放科普宣传读本500余本、宣传资料1000余份。二是教育事业优先发展。投资6915万元，实施16所学校33项基础设施改造、维修工程；兑现“三包”政策资金2129.78万元、营养改善补助资金347.12万元，资助62名建档立卡大学生29.44万元，资助97

名贫困大学生33.4万元；义务教育均衡发展顺利通过自治区评估验收。三是文化事业繁荣发展。投资168万余元，实施阿索乡文化暖棚建设、中仓乡文化站维修和贫困村文化设备购置、县录音室、寺庙文物保护建设等项目。县、乡、村文艺演出690余场次，观众人数达10.35万余人次，广播电视人口综合覆盖率达到100%，放映电影1089场次，观众人数达2.91万人次。四是医疗服务能力不断提升。投资800余万元，建成县人民医院ICU病房、污水处理站和7个乡（镇）卫生院阳光棚等项目，配备流动服务车8辆，为30个村（居）卫生室配备医疗设备；2019年，新分配医技人员86人，除2人分配至县疾控中心外，其余均分配至各乡（镇），进一步充实基层医务人员力量，乡（镇）基层医务人员已基本达标；开展77个行政村（居）基层巡诊义诊活动，免费发放价值52.81万元的药物；三级医院对口帮扶工作取得实效，四川大学华西医院派驻5名专家对口帮扶县人民医院，捐赠31万元的急需设备，建立远程信息系统，培训外科、妇产科、内科、儿科及辅助科室人员50余人次，开展学术教学活动5次，指导尼玛县医务人员开展教学10次，教学查房120余人次。自治区人民医院派出5批21名专家团队，开展各类业务学术讲座40次、专家免费义诊6次。五是健全社会保障体系。2019年，兑现农村低保对象1089户4409人低保资金959.6万元，兑现城镇低保对象117户229人低保资金144.3万元，兑现临时困难群众54户193人救助金60.5万元，兑现五保户对象180名生活补助资金104.46万元，兑现“两项”补贴残疾人1570人次补助资金298.08万元，兑现高龄两项补贴256人15.36万元，兑现残疾人事业补助6人5.01万元，兑现分散孤儿补助资金27人26.24万元，兑现群众养老保障金2523人612.94万元。

（四）特色优势产业有序发展。一是促进牧业转型升级。实施人工种草与天然草场改良建设、退牧还草、藏系绵羊养殖基地建设等项目，全县14家“一乡一社”和77家“一村一合”全部组建完毕并投入运营，实现纯收益1121.36万元，分红724.91万元，促进农牧民就业1119人次，就业收入357.38万元；全县各类牲畜存栏103.48万头（只、匹），年出栏牲畜37.25万头（只、匹），成功举办第七届畜产品展销会，实现交易金额3224.95万元，同比增长34.15%。二是旅游文化产业健康发展。2019年，全县旅游接待人数达3.6万余人次，同比增长19.44%，实现旅游综合收入1782.38万元，同比增长62.03%。总投资2000万元，新建中象雄旅游景区项目和当惹雍错景区项目，年底完成项目总投资的45%。三是锂矿开发有序推进。与西藏旭升矿业有限公司达成当穹错锂矿开发合作协议，完成环评手续和矿区范围批复，待采矿证办理完成后，将进入实质开发阶段，由此奠定全县的工业基础。四是加快藏药标准化生产。2019年，申请50种藏药品备案，其中25种通过备案；县藏医院与北京东方医院签订医联体合同，为尼玛县藏医药发展搭建新的桥梁；通过展销会、赛马节等多种渠道开展藏药销售，年销售额达39.32万元。

三、坚持底线思维，维护社会持续和谐稳定

坚持稳定压倒一切，按照自治区党委、市委关于维护稳定工作部署要求，狠抓各项维稳措施落实，确保全县社会大局的持续和谐稳定。

（一）提高思想认识，在统筹谋划上做实做细。研究制定《2019年维护稳定工作总体方案》，在三大节日、两会、庆祝中华人民共和国成立70周年和西藏民主改革60周年庆祝活动、十九届四中全会等节点多次召开专题会议研究部署维稳工作，确保全县社会局势“三无”“三不出”“三稳定”。

（二）狠抓社会治安，在扫黑除恶中高压严打。一是深入开展治安乱点整治。2019年，在整治非法营运行动中，查处非法营运10起、超限

超载货车230辆、证照不齐等违法违规车辆350辆，处罚金额4.5万元；整治社会治安乱点14处；收缴违禁光碟30张，停业整顿娱乐场所1处。二是开展宣传1125次，发放宣传资料4.19万余份，制作知识手册4600余份，发放举报联系卡片6700余张、调查问卷4600余份、群众知晓卡片1200余张，张贴海报2800余份，LED屏滚动播放宣传标语900余次，设立举报箱120个，悬挂横幅240余条，张贴宣传标语200余条，发送宣传短信3100余条。三是组织摸排线索5430余次，共摸排线索22条（群众举报线索7条），均核查完毕，其中涉恶线索1条，已审理办结，兑现奖励资金1200元。

（三）积极调处纠纷，在信访工作上毫不松懈。一是积极组建县、乡、村三级矛盾纠纷联合调处体系，成立101个调委会，其中，挂牌成立10个专业性、行业性调解组织。2019年，排查受理矛盾纠纷18起，解决民工工资、经济赔偿等23万余元。二是积极开展信访隐患排查化解工作，2019年，全县共接待受理群众来信来访177批820人次，现场调解93批405人次，涉及资金3793万元，其中涉及农民工工资2393万元，涉及承包款、运输费、材料款、租赁费等资金1400万元，均已成功调解，调解率达100%，2019年的信访工作在全市考评中获得第三名。

（四）保障发展要务，在安全生产上警钟长鸣。严格落实“党政同责、一岗双责、齐抓共管”的安全生产责任体系，加大对校园、商铺、施工现场等人员密集区专项治理力度，持续开展交通、消防、食品药品等安全专项检查。2019年，发生各类安全生产事故1起、死亡5人、受伤1人，与去年同期事故起数相比持平，妥善处置“10·16”交通事故，按照有关法律法规及纪律要求对事故相关责任人进行了严肃处理。

（五）采取有效措施，在疫情防控上全力以赴。自疫情发生以来，县委高度重视疫情防控工作。一是加强组织领导。及时成立了应对新型冠状病毒感染的肺炎疫情工作领导小组和防控办公室，下设医疗救治、隔离观察组等10个职能小组，研究制定应对疫情工作防控方案和应急预案；先后召开疫情防控工作动员部署会议和领导小组等会议8次，对疫情防控工作进行了全面的安排部署。二是加强检查排查。加强进出人员管理，严格实行外出审批制度。截至年底，出动防控人员2196人次。三是加强教育引导。通过乡村宣讲员和广播、电视、活动宣传车、微信公众号等媒体平台，大力宣传中央、区党委、市委和县委的决策部署，宣传疫情防控知识，引导群众正确理性看待疫情，累计宣传人数达1.92万余人次，发放宣传资料1.17万余份，全力保障人民群众生命安全和身体健康。四是统筹推进经济社会发展。县委专门召开统筹推进经济社会发展的动员部署会议，对当前牧业生产、复工复产和项目前期等工作进行了安排部署，进一步细化工作措施，确保经济社会发展与疫情防控两手抓、两不误。

四、坚持绿色发展理念，加快推进美丽尼玛建设

树牢“绿水青山就是金山银山、冰天雪地也是金山银山”的理念，守护好藏北草原的碧水蓝天，不断地强化群众环保观念。2019年，开展宣传5场次，悬挂横幅10条，发放宣传材料1.6万余份、环保宣传袋6500余个，咨询人数达1000余人，使环保观念更加深入人心。

（一）大力开展植树造林行动。总投资177万元，实施“两江四河”流域造林工程，大力种植江孜沙棘、秀丽水柏等3.34万棵，种植规模达550亩。

（二）全力做好环保督查问题整改。2018年以来，各级环保督察反馈整改任务40项、167个，涉及我县整改任务24项、88个，经过两年来的努力，已整改完成86个。其中，中央环保督察组来电转办环境问题8件，办结7件、未办结1

件，针对未办结的来多乡3村多卡巴、哪让砂金矿区复垦问题，县委、县政府主要领导多次实地调研、协调市有关部门，争取矿坑复垦项目。

（三）打好污染防治攻坚战。制定各类实施方案和应急预案，认真开展水、大气、土壤污染防治攻坚战。一是扎实推进河（湖）长制工作，2019年，县级河长巡河11次，乡（镇）级河长巡河123次，开展宣传30余次，发动干部群众1000余人次，清理湖泊、河流沿岸垃圾30余次，完成对8条河流、15个湖泊的“一河（湖）一策”编制工作。二是统筹推进扬尘防治、油烟净化、燃煤锅炉整治等工作，经检测，全县空气质量均达到Ⅰ级标准。三是严防土壤污染，对32个行政村土壤进行环境监测，均达到国家Ⅱ类标准。四是完成“厕所革命”，建成并投入使用15所现代化厕所，并安排专人管理和维护。五是认真开展垃圾处理工作，2019年，组织干部职工、环卫工人及群众7920人次，出动车辆3006次，开展环境卫生整治活动105次，共运输填埋垃圾1.32万吨。组织14个乡（镇）开展市容环境治理728次，共动员打扫人数1.05万人次，清理垃圾1456吨。

（四）严格控制新增污染源。严把项目环保审批关，严禁“三高一低”项目进入尼玛县，根据环评意见对建设项目进行合理选址。2019年，共审批建设项目118项，填报环境影响登记表118份，执行率达100%。

（五）全力做好生态惠民工作。一是极高海拔生态搬迁持续推进，荣玛乡搬迁群众产业发展、子女入学和就医、就业等问题得到有效解决。二是严格落实草原生态保护补助奖励机制，2019年禁牧草场1570万亩，聘用510名村级草原监督员，兑现草补资金1.53亿元，落实监督员补助275.4万元。

五、坚持全面从严治党，不断巩固风清气正的政治生态

坚持党要管党、全面从严治党，认真贯彻落实新时代党的建设总要求，严肃党内政治生活，净化党内政治生态，不断推进党的建设。

（一）不断增强党员干部纪律意识。深入开展党的政治纪律和政治规矩教育，决不允许自行其是、阳奉阴违、有令不行、有禁不止，积极开展《党章》《准则》和《条例》的学习活动，2019年对机构改革转隶人员和新一届妇联班子成员开展干部提拔任前集体廉政谈话1次，切实打好预防针，确保全县党员领导干部和广大职工始终在思想上、政治上、行动上同以习近平同志为核心的党中央保持高度一致，始终以实际行动践行“两个维护”。

（二）大力推进基层组织建设。一是圆满完成党政部门机构改革，改革后，全县党政机构共37个，其中县委机构9个，政府工作部门29个（生态环境局为市派出机构，不占机构限额）；修订完善“三定”方案，进一步明确机构改革后各单位的职责职能。二是完成县直机关支部换届工作，及时做好机构改革后党的组织设置工作，增加党政机关党支部5个，共有基层党组织161个。三是整顿完成11个凝聚力不够、发挥战斗堡垒作用不强的软弱涣散基层党组织，其中村（居）党支部7个。四是发展预备党员85名，预备党员按期转正138名，建立党员档案，全县共有党员3880名。召开庆“七一”纪念表彰大会，组织党员重温党的历史，表彰优秀共产党员19名、优秀党务工作者16名、先进基层党组织5个。五是投资4523万元，建成并投入使用21个村级组织活动场所标准化建设项目，建立村（居）“微型党校”69个。六是完成第八批驻村工作队的考核工作，新选派250名机关干部开展第九批干部驻

村工作，选派77名干部担任村（居）党支部第一书记。

（三）着力加强党员干部队伍建设。一是坚持德才兼备、以德为先的选人用人导向。2019年，提任干部28人、进一步使用14人、转任18人、免兼职9人、免职8人，机构改革工作中调整转任干部71人，职级晋升一级主任科员27人、三级主任科员24人、四级主任科员23人。二是优化干部队伍结构，专项招录15名区外大学生，定向定岗考入机关事业单位119人，招聘乡村振兴专干73人，充实全县干部队伍力量。三是加强干部培训，组织村（居）干部业务培训4期370余人次，组织基层党支部书记培训1期190余人，组织20名党务工作者赴山南市考察学习，驻村工作队共组织开展"夜校"学习370余期4.2万余人次；积极争取援藏资金，组织26名扶贫领域干部赴陕西开展党建促脱贫工作考察学习1期，选派290余名干部参加市级培训，选派80余名干部参加自治区级及以上的培训。

（四）推进党风廉政建设和反腐败斗争。2019年，县纪委监委共受理各类来信来访41件，初核33件，立案11件，党纪政务处分13人，切实维护党纪法规的严肃性。一是严查扶贫领域腐败和作风问题，县纪委专项督导10余次，由县纪委、县扶贫办及县财政局等部门联合专项督导6次，发现问题线索12件。二是有效运用执纪监督"四种形态"，通过提醒谈话及时纠正党员干部的苗头性、倾向性问题。2019年，县委主要领导共对党员干部开展谈话8人次，县纪委监委对党员干部开展约谈18人次，诫勉谈话16人次，不断提高全县干部职工拒腐防变、担当作为的意识。三是深化政治巡察，安排5个巡察组对16家县直单位和4个寺庙管委会进行常规巡察，共发现问题466条，向被巡察单位提出整改意见建议330条，发放调查问卷291份，听取汇报26次，召开座谈会20次，开展个别谈话229人次，移交问题线索23件。

我们高度重视县委常委会班子的自身建设，严肃党内政治生活，坚持民主集中制，班子成员率先垂范、主动担责，深入艰苦偏远乡（镇）、贫困村（居）调研督导，分片负责、狠抓落实，有力推动各项决策部署的落地见效，在全县经济社会发展和长治久安中发挥表率作用。

2019年以来的成绩，是在复杂形势、艰巨挑战下取得的，来之不易、振奋人心。但也必须清醒认识到，我们的工作中还存在很多不足和问题，在全国经济下行压力和疫情对经济造成不利影响的情况下，全县完成招商引资任务、投资拉动经济增长形势严峻、任务繁重，民生改善、基础设施建设、环境保护、公共服务能力提升等方面还存在短板和弱项，巩固提升脱贫攻坚成果、决胜全面建成小康社会的任务面临很大压力；维稳形势依然复杂严峻、推进长治久安的机制建设还需要加强。衔接乡村振兴、贯彻新发展理念、满足人民日益增长的美好生活需要任重道远，党员干部能力欠缺和"四风"问题的新表现不同程度存在。对这些问题，我们要在思想上高度重视、在认识上统筹谋划、在行动上加以解决。

大事记

1月

5日 县荣玛乡高海拔生态搬迁工作已全部完成，共涉及262户1102人。

6日 “三大节日”（元旦、春节、藏历新年）期间各项工作安排部署会召开。

8日 县委常委、县委办主任王秋生在县富氧苑主持召开2020年“三大节日”老干部座谈会，市政协副主席、县委书记徐建出席会议并进行慰问。

10日 县委常委、尼玛镇党委书记达瓦欧珠在布岗村宣讲“四讲四爱”群众教育实践活动“回头讲”。驻村工作队、村“两委”班子、“双联户”户长、牧民群众共计50余人参加此次宣讲会。

30日 由县委副书记、县长旦巴带队，县发改委、农牧局、食药局、工商局4家单位对县域粮食储备库、超市、菜店等场所进行节日前专项大检查，检查各类许可证、工商营业执照、商品供应及销售等情况。

30日 那曲市委书记松吉扎西一行工作组在尼玛县荣玛乡高海拔生态搬迁点进行节前慰问，分别与老党员代表、贫困户代表、五保户代表在内的30人进行面对面的交心谈心。

31日 县委副书记、县长旦巴到申亚乡开展节日慰问活动。

2月

5日 区党委副书记、自治区主席齐扎拉一行20余人到古荣乡荣玛高海拔生态搬迁点，入户走访并和搬迁群众一同共度节日。

截至6日 华西医院已派驻2批次5名医生帮扶尼玛县人民医院，培训人员45人次，开展学术教学活动26次，指导教学14次，教学查房126次，受益患者382人。

8日 总投资66万元，为77个自然村配置建设固定式动物防疫栏154个，确保牲畜接羔育幼及出栏时期防疫工作。

10日 市政协副主席、尼玛县委书记徐建到中仓乡，看望慰问基层干部和结对帮扶贫困户。

13日 县委常委、县委办主任王秋生到中仓乡、贡玛村开展节日慰问，同时详细了解中仓乡近期维稳工作部署和落实情况及脱贫摘帽工作安排部署情况。

13日 由尼玛县人社局维护运营的求职公众平台正式运营，发布全市11县（区）招聘求职信息。

截至18日 14个“一乡一社”中16个产业发展项目已完成工商登记和组建任务。工商注册资金共计1711.26万元，非建档立卡户入社率达37%，建档立卡贫困户入社率达100%，现金入股861.9万元，草场入股81.08万亩，牲畜入股

17762头（只、匹），劳力入股3444人次，实现收益536.9万元，促进就业达717人次，带动贫困人口10123人次。

25日 尼玛县召开2019年县委宣传思想工作会议，总结2018年宣传思想工作，对2019年工作进行全面安排部署。

25日 举行尼玛县2019年经济工作会议，科学研判当前形势，安排部署2019年各项工作任务，努力推进尼玛县经济社会持续健康发展。

28日 县委常委、宣传部部长格桑卓嘎带队，县法院、检察院、县脱贫攻坚指挥部相关人员到县城集中搬迁点进行精准扶贫相关政策宣传、法律宣传和非婚生子专项调研等活动。

3月

2日 尼玛县为14个乡镇分别发放棉被、保暖雨靴、棉衣绒裤、防雪眼镜、铲雪器等660份，帐篷222顶；为15个村级救灾仓库分别发放棉被、保暖雨靴、棉大衣、绒衣绒裤等580件，十字镐、铁锹、铲雪器300把，帐篷150顶。共发放防抗灾物资价值215万元。

截至3日 尼玛县共有59个行政村（居）建成光纤宽带，涉及14个乡镇，HGU开通率达50.85%，信息化村级覆盖达76.62%。

7日 自治区副主席多吉次珠检查指导尼玛县文化工作开展情况。

14日 市政协副主席、县委书记徐建，县委副书记、县长旦巴对尼玛县警务站和检查站及尼玛镇派出所进行慰问。

15日 那曲市政协主席才仁郎公在尼玛县检查指导劳务输出工作。

16日—23日 “羌塘——神奇的聚宝盆”和“中国工程院重点咨询项目”课题组到尼玛县境内开展科考工作。

22日 尼玛县正式完成机构改革工作。共设置党政机关38个，其中，党委机关9个，政府工作部门29个（包括那曲市生态环境局尼玛县分局），计入机构限额的28个，挂牌36家机构单位。

4月

8日—12日 召开政协尼玛县委员会第六届第四次会议。

10日 尼玛县政府党组，召开安全生产专题会。会议传达学习习近平总书记关于加强安全生产工作的重要论述和指示精神，要落实责任、形成合力，发挥好安委会统筹协调作用，全面提升尼玛县安全发展水平。

10日—12日 召开尼玛县第六届人民代表大会第五次会议。

12日 自治区政府副秘书长桑珠次仁到尼玛县俄久乡俄索村开展脱贫攻坚调研工作，并看望慰问驻村工作队、村“两委”班子和结对认亲帮扶户。

15日 由县委副书记、县长旦巴带领县发改委、公安局、交警大队、交运局、应急管理局等部门对文布乡、甲谷乡、达果乡、来多乡环当惹雍错湖畔行政村领域，检查道路通畅、路面保通、道路隐患情况。

截至22日 尼玛县全县小学适龄儿童3075人，县内在校生3122人，县外借读53人，外来借读33人，小学净入学率99.86%；初中生1411人，县内在校生1321人，县外借读118人，外来借读11人，超低龄生122人。

25日 尼玛县首个“送教上门”试点工作正式开启，投资13.5万元，从拉萨邀请3名电工老师，为45名培训人员开展为期1个月的电工培训，其中建档立卡贫困户13人。

29日 西藏自治区交通运输厅天海集团向驻尼玛县来多乡4村、5村、6村“一村一合”

运输车队分别捐赠 1 辆工程运输车辆，总价值达 150 万元。

5月

2日—3日 市政协副主席、县委书记徐建到来多乡、军仓乡、8 个行政村和 1 座寺庙对脱贫摘帽、基层党建、“三个专项斗争”等工作推进情况进行实地调研。

9日 尼玛县召开 2019 年全县纪检监察工作会议，系统安排部署 2019 年党风廉政建设和反腐败斗争工作。

10日 尼玛县 2019 年“五下乡”宣传服务活动正式开展。免费发放价值 2.2 万元藏药和西药、12260 元的兽药，此次活动总受益人数约达 2653 人次。

13日 自治区交通运输厅党委书记万超岐检查尼玛县交通路线区划工作。

24日—28日 尼玛县卫健委组派医生、5 名医护人员，为来多乡 6 个行政村的牧民群众进行免费义诊，义诊 902 人次，免费送药 40 余种，价值 3 万余元。

29日 那曲市委书记松吉扎西带队的工作组一行，赴尼玛县阿索乡督导检查脱贫攻坚工作开展情况，了解建档立卡贫困户“两不愁三保障”及群众收入情况。

29日 《藏北明珠，大美尼玛》旅游宣传片正式上线。总投资 35 万元，全方位介绍尼玛县的人文历史、文化习俗以及动植物资源。

31日 尼玛县共青团联合妇联、工会等组织组成慰问组，到县完全小学慰问困难职工子女、留守儿童和困难儿童 41 名，发放慰问金 4100 元。

6月

6日 西藏自治区藏医院为尼玛镇曲巴村 170 名群众进行血脂常规检测、血压测量等义诊活动，同时开展健康宣教活动，引导群众培养良好的健康生活习惯。此次义诊共免费发放各类藏药 80 余种，价值 2 万余元。

11日 县委副书记、县长、县脱贫攻坚指挥部指挥长旦巴，到卓瓦乡、吉瓦乡就贫困户“两不愁三保障”落实情况进行调研。

12日 尼玛县召开 2019 年“万名医师支援农村卫生工程”表彰大会。大会对第四批医疗支援队的 5 名专家颁发“尼玛县医疗卫生事业和人才培育突出贡献奖”和“先进个人”荣誉证。

13日 从那曲市调运羊三联四防、羊大肠等 8 种常规疫苗 2100 余箱，阿苯达唑、阿维菌素等 7 种驱虫药品运抵尼玛县。

15日 市政协主席才仁郎公一行调研组在尼玛县召开引导宗教与社会主义社会相适应工作开展情况座谈会，了解尼玛县宗教工作开展情况。

16日 开展“安全生产月”和“安全生产西藏行”宣传活动。此次活动共发放各类宣传资料 400 余份，现场答疑解惑 17 次，惠及群众 500 余人次。

17日 尼玛县行政审批和便民服务局正式挂牌运行。

21日 那曲市人民检察院党组副书记、副检察长肖志强到尼玛县人民检察院检查党建、党廉、受援及“扫黑除恶”专项斗争工作开展情况。

23日 尼玛县举行扶贫门面房建设项目分红仪式。为 50 余户县城易地搬迁群众进行项目分红，共分红 25.2 万元，人均分红 4400 余元。

25日 尼玛县召开创建评选那曲市首批文明县城、文明村镇、文明单位、文明家庭、文明校园工作安排部署会。

25日 那曲市中级人民法院党组书记、院长旺扎一行工作组到尼玛县人民法院检查指导工作。

27日 市政协副主席、尼玛县委书记徐建带领发改委、住建局、交运局、水利局、农牧局、脱贫攻坚指挥部等相关单位负责人，对尼玛县部分重点项目推进情况进行实地调研。

27日 北京海德资产管理有限公司决定援建尼玛县荣玛乡高海拔搬迁点。计划投资200万元，帮助荣玛乡高海拔搬迁点新建藏餐馆、超市、医务输液室和网围栏，帮助搬迁群众改善生活水平。

28日 那曲市副市长加多到荣玛乡高海拔搬迁点对搬迁群众进行入户走访调研，了解搬迁群众的家庭基本信息、在校生情况、转移就业信息、经济收入等相关情况。

7月

3日 那曲市副市长、公安局党委副书记、局长幸世军带领市局直属各部门负责人到尼玛县了解派出所扫黑除恶专项斗争、专项行动开展情况，并慰问一线民（辅）警。

6日 市政协副主席、尼玛县委书记徐建到当穹、玉彭、德庆久美林等寺庙了解广大僧尼及驻寺干部生产生活情况，并慰问。

8日 自治区党委常委、宣传部部长边巴扎西到尼玛县调研指导宣传思想文化工作。

截至10日 全县共组建贫困群众技术技能培训班9个、培训256人，开展后续就业对接461人次，实现就业211人。

24日 尼玛县“厕所革命”项目顺利完工并正式投入使用。总投资1050万元，在县城内新修公共厕所15座，总面积750平方米。

25日 县委副书记、县长旦巴到申亚乡检查指导农村安全饮水工作落实情况。

27日 市委副书记、市长敖刘全带队对尼玛县扶贫产业项目、“两不愁三保障”工作及群众生产生活情况进行调研。

8月

7日 自治区副主席江白到荣玛乡古荣搬迁点督查调研。了解搬迁点扶贫产业项目建设、安置点绿化建设进度、搬迁群众的就业、外出务工、日常生活等情况。

15日 县政协主席平措达杰在文布乡开展“四讲四爱”宣传教育活动。

16日 尼玛县组织召开题为“加强民族团结，喜迎七十大庆”的各族各界代表人士座谈会。

19日 市政协副主席西绕加措指导检查尼玛县脱贫攻坚工作。

25日—26日 市政协副主席、县委书记徐建先后到申亚乡、卓瓦乡、吉瓦乡，了解贫困村、贫困户，与驻村工作队、村干部、贫困群众深入交谈，详细了解他们的家庭收入等情况。

9月

1日 市政协副主席、县委书记徐建一行人员到申亚乡检查指导脱贫攻坚工作。

5日 县委副书记、县长旦巴到荣玛乡搬迁点检查指导搬迁群众生产生活情况。

7日 县委常委、组织部部长王秋生一行对章乃措开展河（湖）长制巡湖调研。

8日 县委常委、县脱贫攻坚指挥部副指挥长、副县长邵阳等一行工作组到甲谷乡检查指导脱贫工作开展情况。

9日 尼玛县委宣传部在县城集中搬迁点开展送五代领袖画像和心连心画像进村入户活动。

14日 中秋节放假期间，市政协副主席、县委书记徐建为践行“不忘初心、牢记使命”主题教育，先后对中仓乡央龙曲帕村、那来村在基层党建、脱贫攻坚、控辍保学、乡村振兴战略实施等重点工作开展和推进情况进行实地调研。

16日 自治区总工会党组书记、常务副主席王纯丁带队的慰问组到尼玛县看望慰问企业困难职工，发放慰问金2000元。

18日 市政协副主席、县委书记徐建，县委副书记、县长旦巴，县委常委、副县长邵阳组织全县14个乡（镇）主要领导和扶贫专干一行50余人，在尼玛县阿索乡实地观摩学习“一乡一社”好的发展经验和做法。

19日 那曲市小学校长琼培的牵头下，到尼玛县尼玛镇3个村进行结对帮扶，此次结对扶贫共计13.32万元。

30日 尼玛县老干部局在文化活动中心举行庆祝中华人民共和国成立70周年暨“不忘初心、牢记使命”主题教育座谈会。

10月

2日—5日 县委副书记、县长旦巴在各乡镇开展实地调研工作。

11日 县委副书记、县长旦巴到文布北村文布寺检查指导工作。

11月

6日 召开学习党史、新中国史专题学习会。

10日 自治区人社厅二级巡视员次仁达娃到尼玛县对转移就业情况进行调研。

25日 尼玛县法学协会第一届代表大会召开。

12月

4日 自治区卫健委党组成员、自治区人民医院党委书记蒲智带队的“万名医师团”到尼玛县开展医疗帮扶工作。

截至15日 尼玛县总投资4523万元，新建村级活动场所25个。全县51个村居村级组织活动场所已正常投入使用。

17日 尼玛县第七届畜产品展销会圆满落幕。为期5天的展销会共销售牛胴体1991头、羊胴体17408只、酥油84346公斤、奶渣5926.5公斤、各类皮张9003张、野葱664公斤、奶制品60公斤、民族手工艺品450件、藏药386盒以及其他农畜产品，实现销售收入3240.94万元。

30日 尼玛县电网建设项目顺利完工，并投入使用。这标志着尼玛县纳入国家电网供电范围。

尼玛县概览

【地理位置】 尼玛县位于西藏自治区北部，那曲市西部，隶属于西藏那曲市管辖。尼玛县地处羌塘高原腹地“大湖盆”区，平均海拔在4600米以上，地跨北纬30° 17′—35° 31′，东经85° 4′—88° 9′。其北部以昆仑山、可可西里山脉为界，与新疆维吾尔自治区相望；南部以冈底斯山脉为界与日喀则市的昂仁县、谢通门县相邻；西部与阿里地区的措勤县、改则县相接；东部与双湖县、申扎县接壤。县城驻地在尼玛县尼玛镇，距那曲市色尼区约580千米，距拉萨市约720千米。县辖区面积为7.25万平方千米。

【气候】 尼玛县气候属高原亚寒带半干旱季风性气候和高原寒带干旱气候，海拔高、含氧量少（含氧量仅为海平面的61%左右），没有绝对无霜期，年降水量不足200毫米；日照充足，年平均日照数近3000小时，日照百分率高达66%以上；气温低，年平均气温0℃左右，最热的7月平均气温14.8℃，月大于10℃始终期10天左右，月大于10℃积温约110℃，年大于0℃始终期约160天，年大于0℃年积温约1000℃，年相对温差40℃左右；海拔5500米以上的山峰，气候垂直分带明显；海拔6000米左右的山峰，积雪、冰川终年不化。自然灾害主要有雪灾、风灾、旱灾、霜灾、洪灾、地震等。

【土地资源】 尼玛县地域辽阔，地形地貌复杂多样。土质较为松散、土层深厚，含氮、磷、钾等元素。垂直和水平两个划分带上，土壤类型多，且分布不均，有高山寒漠土、原始高山草甸土、高山高原草甸土、高山草原土、草甸土、新积土、沼泽草甸土等。

【动植物】 尼玛县是“野生动物的乐园”，这里栖息着20多种野生动物。食草动物有兔、旱獭、普氏原羚（黄羊）、盘羊、藏羚羊、野牦牛、藏野驴等；食肉动物有狼、棕熊、猞猁、雪豹、禽秃鹫、鹰等；小型食肉动物有狐狸、草狐狸等；另外还有赤麻鸭（黄鸭）、斑头雁、渔鸥、黑颈鹤等珍禽。生长在这片土地上的植物种类繁多，主要有固沙草、凤毛菊、红景天、虎耳草、藏北嵩草、矮生嵩草、高山嵩草、紫花针茅、沙生针茅、赖草、藏沙嵩、山地黄芪、海韭菜、野葱等。

【地热资源】 尼玛县地热资源丰富，分布县域全境，其中较大的地热温泉有来多乡的甲玛尔温泉、荣玛尔温泉，文布乡的玛尔坐温泉，中仓乡和阿索乡的曲神温泉，尼玛镇的林岗温泉和龙若曲神温泉。

【建置区划】 尼玛县成立于1993年8月1日，2019年尼玛县辖尼玛镇、卓瓦、卓尼、阿索、俄久、文布、申亚、甲谷、达果、吉瓦、来多、军仓、中仓、荣玛14个乡镇，77个行政村，600个自然村。

中共尼玛县委员会

综 述

【概况】 县委牢固树立以人民为中心的发展思想，贯彻落实新发展理念和“六稳”要求，以供给侧结构性改革为主线，以正确处理好“十三对关系”为根本方法，切实解决群众最关心、最直接、最现实的利益问题，各族群众的获得感、幸福感、安全感不断增强。2019年县委共召开县委常委会28次，联席会2次，研究尼玛县各项重点工作。

【党建工作】 推进基层组织建设，圆满完成党政部门机构改革，改革后尼玛县党政机构共38个（包括那曲市生态环境局尼玛县分局），其中党委机关9个，政府工作部门29个。完成县直机关支部换届工作，及时做好机构改革后党的组织建设工作，增加党政机关党支部5个，2019年底共有基层党组织161个。整顿完成11个凝聚力不够、发挥战斗堡垒作用不强的软弱涣散基层党组织，其中村（居）党支部7个。

【发展党员】 发展预备党员85名，预备党员按期转正138名，建立党员档案，尼玛县共有党员3880名。召开“七一”纪念表彰大会，组织党员重温党的历史，表彰优秀共产党员19名、优秀党务工作者16名、先进基层党组织5个。投资4523万元，建成并投入使用21个村级组织活动场所标准化建设项目，建立村（居）“微型党校”69个，培养基层党组织领导干部，加快基层党校信息化建设。完成第八批驻村工作队的考核工作，新选派250名机关干部开展第九批干部驻村工作，选派77名干部担任村（居）党支部第一书记。

【干部培训】 2019年，提任干部28人、进一步使用14人、转任18人、免兼职9人、免职8人；机构改革工作中调整转任干部71人，职级晋升一级主任科员27人、三级主任科员24人、四级主任科员23人。优化干部队伍结构。专项招录15名区外大学生，定向定岗考入机关事业单位119人，招聘乡村振兴专干73人，充实尼玛县干部队伍。

组织开展村（居）干部业务培训班4期370余人次，组织基层党支部书记培训班1期190余人，组织20名党务工作者赴山南市考察学习，驻村工作队共组织开展“夜校”学习370余期，培训4.2万余人次，组织26名扶贫领域干部赴陕西开展党建促脱贫工作考察学习1期；选派290余名干部参加市级培训；选派80余名干部参加自治区级及以上的培训。

【主题教育】 按照“守初心、担使命，找差距、抓落实”的总要求，把学习教育、调查研究、检视问题、整改落实贯穿主题教育全过程，完善学习制度、固定学习频次，不断推进“两学一做”学习教育常态化制度化建设。县级领导带头讲党课37次，村（居）党支部书记讲党课145

次，每名党员撰写心得体会3篇以上，组织应知应会理论测试15场次，专题研讨1278次，集中学习3000余次；组建由30名县级干部带队的15个工作组在尼玛县范围内开展调研工作，发现问题102个，立行立改18个，其中84个问题整改初见成效。开展党员政治教育29期，受益人次1115人，全体党员公开承诺事项1200余件。推动主题教育实现理论学习有新收获、思想政治有新升华、干事创业有新担当、为民服务有新作为、政治生态有新净化，满意度测评结果达100%。

【党风廉政】 5月9日，县委组织召开尼玛县纪检监察工作会议，传达学习西藏自治区第九届区纪委四次全会、市纪委一届二次全体会议精神，全面总结2018年党风廉政建设和反腐败工作，安排部署2019年的工作任务。

7月12日，县委召开上半年党风廉政建设责任制落实情况汇报会，听取尼玛县各党委（党组）主要负责人工作汇报，安排部署下一步工作，并计划于12月召开全年“两个责任”工作落实情况述职会。

县委常委会先后召开13次会议，研究尼玛县党风廉政建设和反腐败工作。进一步分清“两个责任”，制定印发《尼玛县党委落实党风廉政建设主体责任清单》《尼玛县纪委落实党风廉政建设监督责任清单》，进一步明确县委班子成员、第一责任人及纪委在党风廉政建设和反腐败工作中的各自责任、职责。借助县委理论学习中心组开展对中央、区党委、市委关于全面从严治党重要指示精神学习4场次，传达学习违纪违法典型案例通报10余次，组织观看违纪违法警示教育片40余场次、撰写心得体会130余份。

5月9日—24日，派2个督导组深入尼玛县14个乡（镇），对各乡（镇）资金及“三公经费”使用、公开情况进行督导检查，不断规范资金管理和使用。开展干部上下班制度落实情况监督检查3次、开展会风会纪监督检查2次，共处理违反会场纪律问题3起，责令检讨3人。组织纪检监察干部深入各单位、各乡（镇）开展问题专项督导4次，“零容忍”惩治腐败，查处1起虚开发票、套取资金的违纪问题线索，给予1人党纪政务处分。严查扶贫领域腐败和作风问题，由县纪委专项督导10余次，县纪委、县扶贫办及县财政局等部门联合专项督导6次，发现问题线索5件，其中立行立改4件、发现线索1件。

【督查室工作】 2019年初县委办督查室对尼玛县重点工作进行梳理汇总，围绕经济发展、脱贫攻坚、党的建设、维护稳定、意识形态、全面深化改革等工作，制定尼玛县2019年督导检查考核计划，计划督导检查21次，实际开展13次，并形成督查专报7期。

【档案工作】 2019年加强对文件的收发与管理，加强来件的登记与管理。每年年底，每个部室处理完毕的文件，都要分门别类，妥善保管，为以后装订档案做好准备。为提高档案管理水平，积极提高员工自身各项业务素质，争取工作的主动性，具备较强的专业心、责任心，努力提高工作效率和工作质量。

【县委2019年负责人名录】

市政协副主席、县委书记：徐　建

县委副书记、政府县长：旦　巴（藏）

县委副书记、人大常委会主任：

吉生虎（2019年6月离任）

市委副秘书长、县委副书记：

王文波（2019年7月离任）

县委副书记、组织部部长：

柳跟象（2019年9月离任）

市政府副秘书长、县委常委、常务副县长：

张　喆

县委常委、政法委书记、公安局党组书记、政委：欧　珠（藏）

县委常委、纪委书记、监委主任：刘建峰

县委常委、政府副县长：邵　阳

县委常委、统战部部长：

阿旺罗布（藏，2019 年 9 任职）

县委常委、尼玛镇党委书记：

达瓦欧珠（藏）

县委常委、县委办主任：

王秋生（2019 年 9 月离任）

3 月 28 日，县老干部局组织（离）退休干部庆祝“‘3 · 28’西藏百万农奴解放纪念日”座谈会

组织工作

【概况】 尼玛县共有机关事业单位干部 1363 名（不含教师），行政干部 564 名，其中地厅级干部 1 名，县处级干部 33 名，乡科级干部 319 名，藏汉比例为 1.5∶1。事业专技人员 636 名。2019 年干部选拔任用工作中，将 76 名德才兼备的优秀党员干部充实到乡（镇）领导班子当中担任党委副书记、组织委员、纪委书记，进一步充实基层班子，提升整体战斗力。2019 年以来，提醒、约谈、诫勉乡（镇）党政正职 9 人，使“咬耳扯袖”“红脸出汗”成为常态。免职 2 名在脱贫攻坚领域作用发挥不强、违反扶贫纪律的乡党委副书记、乡长。

【干部队伍】 2019 年以来，专项招录 15 名区外大学生到县工作；定向定岗考入县机关事业单位 119 人，招聘乡村振兴专干 49 人，大学专科以上学历占 91.65%，女干部比例占 26.94%，80 后、90 后干部占比 92.7%。

【干部培养】 2019 年以来，共提拔使用实绩突出的 90 后党员干部 24 名；落实 74 名年轻干部职级待遇；向市委推荐优秀 80 后正科级干部 15 名，作为县级干部后备干部。2019 年，共选派 256 名优秀干部到市委、区党委党校参加学习培训，有效提升业务理论水平。注重党性锻炼，在主题教育中抓紧抓实年轻党员干部党性教育，组织年轻党员干部学习习近平新时代中国特色社会主义思想、习近平总书记关于治边稳藏重要论述，学习党的理论、党的宗旨、党的历史，引导他们增强“四个意识”、坚定“四个自信”、做到“两个维护”。

定期开展“一对一”谈心谈话，加大年轻干部履职情况日常考核力度，将表现优秀的年轻干部纳入优秀干部后备库实行动态管理，保证优秀年轻干部储备数量足、质量好。紧盯年轻干部廉洁自律情况，从严加强监督约束，2019 年以来，以全市“六新”干部作风建设活动为契机，调整 9 名履职能力较差的年轻干部。完成 74 名公务员首次职级晋升工作。对 23 名优秀普通干部进行职级晋升，解决相关待遇。

【干部关爱】 积极兑现 2018 年一次性未休假或未休完假补助 53 人 30 万元。协助财政局兑现干部

10 月 3 日，县委常委、组织部部长王秋生（左一）走访慰问退休老干部

职工2019年一次性包干路费，发放2019年烤火补助。取暖费从2018年的每平方米60元降低到现在的每平方米35元，电费从2018年的每度1元降低到现在的每度0.49元。看望因病住院干部1人，发放慰问金2000元。

【老干部工作】 深入学习贯彻习近平新时代中国特色社会主义思想、《习近平谈治国理政》论述，深入学习党员领导干部准则及党章党规、“三个专项斗争”活动，并在每月10日与20日制定集中学习制度，每月15日定期组织开展主题党日活动。2019年尼玛县共组织集中学习11次，召开主题党日活动6次。2019年老干支部共集中学习9次，并在2018年尼玛县离退休党支部进行改选，配齐班子，加强支部的作用发挥。尼玛县2019年在“三大节日”、“3·28”西藏百万农奴解放纪念日、“七一”等节日期间多次召开（离）退休干部座谈会，县委书记和各领导认真听取老干部工作开展情况汇报和老干部提出的意见建议，并对老干局提出具体的工作任务和目标。2019年，开展走访慰问活动共2次，在重大节日期间走访慰问117名机关事业离退休老干部，慰问金共58500元；慰问企事业工人73人，慰问金36500元，共计95000元；慰问住院老干部，送去慰问金2500元。组织退休老干部到尼玛县14个乡（镇）、县城易地搬迁点用通俗易懂的语言宣讲党的各项惠民政策、三个专项斗争、脱贫攻坚政策、新旧西藏对比等，受教群众达672人次。

【组织部2019年负责人名录】

县委副书记、组织部部长：

柳跟象（2019年9月离任）

县委常委、组织部部长：

王秋生（2019年9月任职）

县委组织部副部长、编办主任：

朗　措（藏、女，2019年4月任职）

宣传工作

【媒体宣传】 2019年，向各级新闻媒体投稿526条，其中西藏新闻网采用4条，那曲新闻网采用24条。尼玛县广播电视台上传新闻235条，那曲广播电视台采用162条，西藏广播电视台采用4条。向学习强国供稿尼玛县新闻信息共16篇，采用11篇。2019年，尼玛政务网刊登新闻292条、“网信尼玛”发布新闻896条。利用宣传栏、LED显示屏、横幅等，加大宣传力度。截至2019年底，县城主要街道增加宣传标语9条，更换党委楼领袖画像2张、制作宣传栏喷绘布3条，党委楼安装“藏汉”双语宣传标语“加强民族团结，建设美丽西藏”、龙门架大喷加厚布2个、70周年大庆背景1幅、横幅34条、彩条944米，更换街道两侧宣传栏45个。

【思想与工作】 2月25日，召开2019年县委宣传思想工作会议，全面总结2018年工作，对2019年尼玛县宣传思想工作及意识形态领域工作进行安排部署，进一步统一思想，凝聚共识，落实责任。由县委宣传部制定宣传工作实施细则，完善意识形态工作相关制度，落实意识形态工作责任制，建立健全意识形态工作研判机制，牢牢掌握意识形态的领导权、主动权，不断增强尼玛县干部职工的责任意识。建立健全意识形态工作学习、考核、研判、报告等各项制度，县委将各级党委（党组）落实意识形态工作责任制情况同经济社会发展、脱贫攻坚、社会稳定等重点工作同安排、同部署、同考评，确保各项工作落到实处，全力打好意识形态工作主动战。

【理论武装】 以县委理论中心组学习为抓手，指导、督促各级党委（党组）抓好学习，通过学习推动工作，在工作中加强学习。制定理论中心组学习计划，坚持县委理论中心组每周五定期学习制度，2019年，共组织集中学习21场次。整理制作精准扶贫政策汇集台历3000册，（藏文版

2700册、汉文版300册），并发放至县直各单位、各乡（镇）和村（居）及部分群众手里。组织尼玛县干部职工下载安装“学习强国”App，建立以乡镇和县直支部为单位的学习小组，每个小组确定2—3个管理员，及时督促干部职工加强学习，按时完成每天的学习任务。全年组织2次尼玛县干部职工脱贫攻坚政策知识测试，对成绩不合格的8名干部职工进行通报批评，并对不合格及因出差、休假等返岗人员进行补考。组织开展以“努力践行四讲四爱，人人参与脱贫攻坚战，助推尼玛县脱贫摘帽”为主题的知识竞赛活动。

【宣讲工作】 进一步加大习近平新时代中国特色社会主义思想、脱贫攻坚、惠民政策等宣传宣讲力度。制定印发《尼玛县“大学习、大宣讲、大讨论”活动实施方案》。3月共宣讲773场次，受众27807人次。3月至4月每周一、三、五上午，以“藏汉”双语流动宣传的形式在尼玛镇、易地扶贫搬迁安置点、县城主要街道开展以脱贫攻坚政策知识为主要内容的宣传活动。同时利用“网信尼玛”微信公众号，每日上传相关扶贫政策知识（“藏汉”双语），号召尼玛县干部群众做到网上“每日一学”。以县“两会”为契机，召集人大代表、政协委员组织召开“四讲四爱”暨精准

3月27日，举行尼玛县热烈庆祝“3·28”西藏百万农奴解放60周年文艺活动

8月14日，县委宣传部开展结对帮扶慰问活动

扶贫宣讲会，共70余人参加。以尼玛县村干部培训为契机，宣讲扶贫政策知识，提高村干部的知晓率。同时，组织观看“时代楷模”卓嘎央宗姐妹先进事迹宣传片，进一步增强村干部固边守边的使命感和责任感，增强争做神圣国土的守护者、幸福家园建设者的决心和信心。持续深入开展“四讲四爱”群众教育实践活动。2019年，尼玛县共制作横幅423条、活动展板109块、宣传册（单）9071张，成立各级宣讲组（队）389个，涉及人员1577人，开展宣讲1376场次，受教人数达6.12万余人次。同时开展“羌塘儿女报党恩”、“习近平新时代中国特色社会主义思想”通读精学、“唱支山歌给党听”群众微拍等实践活动共531场，受众人数约4.2万人次。

【精神文明建设】 通过各种宣讲活动将核心价值观内容用通俗易懂的语言宣传到农牧民群众中，同时，将核心价值观“24字”内容通过宣传栏、横幅、LED显示屏等载体进行宣传，加大社会面宣传力度。各级学校将社会主义核心价值观融入学校德育课程，教育引导未成年人积极培育和践行社会主义核心价值观。评选2018年度县级文明乡（镇）1个、文明单位5个、文明村居5个、文明家庭58户。同年召开尼玛县创建评选那曲市首批文明县城、文明村镇、文明单位、文明家庭、文明校园工作安排部署会，并推荐上报那曲市文明村镇13个、文明家庭7个、文明校园2个、

10月1日，尼玛县举行热烈庆祝中华人民共和国成立70周年文艺会演

10月1日，尼玛县举行热烈庆祝中华人民共和国成立70周年升国旗仪式

文明单位5个。组织开展“五下乡”宣传服务活动。活动中政策宣传4场次，受教群众670余人；举办文艺演出4场次，观看群众人数870余人；放映爱国教育电影4场次，观看人数330余人；免费送医送药义诊4场次，受益群众830余人。积极参与评选表彰典型事迹，上报自治区时代楷模1名，全国道德模范2名，那曲好人1名。组建尼玛县“爱使我行”志愿者服务队，在“三月学雷锋月”期间以及“向祖国献礼——志愿者在行动”主题活动中，开展志愿服务活动38次。以“4·23”世界读书日为契机，开展“书香西藏·尼玛篇”全民阅读主题活动2次。结合清明节、端午节、中秋节和重阳节等传统节日共开展活动49场次。组织县干部职工和农牧民群众共600余人，在县广场集中参观西藏百万农奴解放纪念馆巡展。组织干部职工举行庆祝中华人民共和国成立70周年“升国旗、唱国歌”仪式，并收听收看庆祝大会实况直播，向尼玛县建档立卡贫困户赠送电视机1353台。

【文化市场监管】 2019年发放“牧家书屋”（“寺庙书屋”）补充更新图书共113种1294本。县文化执法大队联合相关部门，对县城内的宾馆、酒店、饭店、KTV、朗玛厅、网吧、音像制品销售店、打字复印店等场所进行联合执法检查，进一步净化文化市场。2019年共执法检查36次，出动车辆46台次，出动执法人员210余人次，与各文化经营场所签订目标管理责任书和禁毒责任书。

【荣誉】 2019年11月荣获2019年县级民族团结进步模范集体。

【脱贫攻坚】 3—4月每周一、三、五上午，利用农牧科普大篷车以“藏汉”双语流动宣传的形式在尼玛镇、易地扶贫搬迁安置点、县城主要街道开展以脱贫攻坚政策知识为主要内容的宣传活动。

2019年，举行中央宣传部、中央文明办向尼玛县1353户建档立卡贫困户赠送电视机发放仪式，为确保精准到户，每台电视机在入户安装过程中都粘贴有对应包含受赠家庭信息的二维码。5月10日至13日，由县委宣传部牵头，联合县统战、民宗、政法、文化卫生、组织部、工青妇、兽防站、电视台、脱贫攻坚指挥部等相关单位，共47人，组成尼玛县2019年“携手奔小康”文化科技卫生法律和爱国爱教“五下乡”宣传服务队，赴达果乡、卓尼乡、卓瓦乡、吉瓦乡及沿线寺庙，开展送政策、送医药、送文化等服务活动。

【宣传部2019年负责人名录】

县委常委、宣传部部长：

格桑卓嘎（藏、女，于2019年3月离任）

县委常委、宣传部部长：

普布次旦（藏，2019年11月任职）

宣传副部长：格桑卓玛（藏、女）

11 月 4 日，尼玛县宣传部组织传达学习中国共产党第十九届中央委员会第四次全体会议精神

10 月 22 日，尼玛县举行中央宣传部、中央文明办向建档立卡贫困户赠送电视机发放仪式

统战工作

【概况】 统战民宗部门坚持“导”字方针，突出依法管理原则，力求导之有力、导之有方、导之有效，认真贯彻执行党的宗教政策法规，确保尼玛县宗教领域的和谐稳定。

【党建工作】 2019 年尼玛县统战部贯彻习近平总书记关于党要管党、从严治党的要求，围绕“不忘初心、牢记使命”主题教育，抓紧抓好基层党建工作。认真落实责任，年初与各寺管会党支部书记签订《寺管会党支部书记抓党建责任清单》，加强督导寺管会党支部学习，规范寺管会党支部各项党内规章制度，制订寺管会党支部工作台账，切实提升广大驻寺党员干部的政治站位和“四个意识”。督促各寺管会认真开展“不忘初心、牢记使命”主题教育活动，切实在实际工作当中做到守初心、担使命。2019 年对寺管会党员干部队伍状况分析 2 次，各寺管会党支部组织学习 40 次，撰写学习心得体会 52 篇。按照县委党工委和党委第二支部的安排要求，通过周例会集中传达、个人自学、研讨交流、测试考试等形式，深入学习习近平新时代中国特色社会主义思想，学习党的十九大和十九届二中、三中、四中全会精神，党章党规、《支部工作条例》等，和党中央、区党委、市委关于统战民族宗教重大会议文件精神，督促加强学习强国的学习。

【精准脱贫】 统战民宗部门干部先后 2 次到对口贫困户家中开展结对帮扶，开展家访慰问、政策宣传等工作，切实加强对对口帮扶群众的关心关爱，加强思想引领，转变等靠要思想，确保他们靠自己勤劳的双手早日脱贫致富。

【培训工作】 2019 年，在县城统一举办 2019 年尼玛县藏传佛教教职人员培训。培训严格按照区党委统战部的总体要求，重点突出党的十九大、党的民族宗教政策、全国宗教工作会议、西藏史、《宗教事务条例》、《中华人民共和国民族区域自治法》、社会主义核心价值观、“五观”、“两论”、“四条标准”等内容，通过集中授课、交流研讨、实地参观等形式，强化僧尼培训教育，进一步增强“四个意识”，深刻认识“五个认同”，做到“两个维护”。根据自治区党外干部名额分配，在上半年选派一名党外干部参加全区第二十二期党外青年干部培训。

【民族工作】 6 月 24 日，召开了尼玛县全国民族团结进步示范县创建工作动员部署会议，成立了由县委书记担任组长、县长担任常务副组长，其余县级领导担任副组长，各乡（镇）、县直单位负责人为成员的尼玛县民族团结进步示范县创建工作领导小组。制定下发《尼玛县关于创建全国民族团结进步示范县实施方案》，明确活动目标、任务、原则、时间、步骤等各项工作落实情况。

【宣传教育】 组织统战、民宗部门精干人员，进一步突出“民族团结是各族人民生命线”这一主线，紧扣庆祝中华人民共和国成立70周年、西藏民主改革60周年、脱贫攻坚工作、民族团结进步示范县创建工作等各项内容，紧密结合“四讲四爱”主题教育等活动，到各乡（镇）、村（居）、学校、寺庙、县城的易地扶贫搬迁点，积极开展民族团结进步宣传教育活动。通过集中宣传、召开交流座谈会、开展文艺会演活动、制作发放民族团结进步宣传材料等形式，广泛宣传党的民族政策和《中华人民共和国民族区域自治法》《宗教事务条例》，特别是习近平总书记关于民族工作的重要指示以及区党委、市委关于做好民族团结进步创建工作系列指示精神。协调相关部门，在县城集中组织200余名基层农牧民党员和妇女代表开展民族政策学习培训。以多形式多渠道加强民族团结进步宣传教育，积极引导尼玛县各族干部群众树牢“三个离不开”思想，增强“五个认同”。截至11月底，共开展民族团结进步宣传教育活动52场次，发放宣传单2000余份、宣传手册1060册，悬挂横幅50条，受教育人数1万余人次。

【模范工作】 尼玛县坚持突出先进典型、公平公正原则，开展民族团结进步模范集体和个人评选表彰工作，召开表彰大会表彰在民族团结进步事业中涌现出的模范集体和个人。加强民族团结进步事迹宣传，共评选和表彰10家模范集体和15名先进个人，发放奖金11万元。

【廉政建设】 2019年及时调整充实统战部党风廉政建设工作领导小组，制订工作计划，建立“主要领导负总责、班子成员协调配合、齐抓共管”的领导责任体系。严格落实领导干部“一岗双责”制度，统战部部长与全体党员干部签订《廉政责任书》，进行公开承诺，形成“一级抓一级、一级带一级”责任体系和抓落实、讲实效的工作机制。注重干部廉政教育，统战民宗部门认真学习中央、自治区党委、市委、县委关于做好党风廉政建设工作的系列会议文件精神，严格落实“中央八项规定”、自治区党委“约法十章”和市委《实施细则》，认真学习纪委监委下发的各类典型案例通报，时刻警醒本部门干部。在重大节日前，专门召开节前廉政教育，要求全体干部树牢底线思维，守住纪律底线。共组织学习20次，撰写心得体会30篇。

【统战民宗2019年负责人名录】

县委常委、统战部部长：

泽仁杰达（藏，2019年4月离任）

县委常委、统战部部长：

阿旺罗布（藏，2019年7月任职）

4月15日，2019年尼玛县民族团结进步表彰大会暨全国民族团结进步示范县创建工作推进会召开

9月25日，县委常委、统战部部长阿旺罗布（左六）在文布乡寺管会，开展“不忘初心、牢记使命”主题教育专题党课学习会

统战部副部长、民宗局副局长：
嘎玛格列（藏）
工商联主席：琼　达（藏）

强基础惠民生

【概况】 2019年，协助乡（镇）政府共选派第一书记62名、驻村工作队队长72名、副队长26名，其中自治区派驻第一书记4名，建设一支覆盖尼玛县77个行政村、261名驻村干部的队伍。针对尼玛县易地搬迁小康新居，选派驻村干部3名。同时，结合新时期干部驻村工作要求和巩固脱贫攻坚成果需要，组织对辖区各派驻单位选派驻村干部情况进行摸底调查，坚决杜绝“挂名”驻村和选派公益性岗位、乡村振兴专干及临时工等人员驻村问题，持续把优势力量、优势资源向巩固脱贫攻坚任务重的地方集合。

【思想教育】 尼玛县各驻村工作队陆续组织开展“决胜小康，奋斗有我座谈会”，全方位提升驻村工作队整体素质。针对驻村干部基层工作经验匮乏，工作权责边界不明确，素质能力参差不齐等问题，尼玛县强基办组织开展驻村工作队培训会，重点围绕基层党组织建设、农牧民群众思想教育、助力决战决胜脱贫攻坚等工作，开展培训会2次、动员部署会1次，261人次参与，推送干部驻村应知应会小贴士30条，不断帮助驻村干部理清工作思路，明确职责定位，优化知识结构，提升基层工作能力。切实保障驻村干部正常工作生活，激发广大驻村干部干事创业激情，在“三大节日”、七一等节庆日期间向驻村工作队送去节日的祝福。

【脱贫攻坚】 尼玛县各派驻村单位、驻村工作队开展勤劳致富典型人物宣传127次，受教育群众约3539人次。驻村干部主动扛起脱贫攻坚的职责，注重扶贫与扶智相结合，帮助贫困户算好政治、感恩、收入“三笔账”，帮助贫困户出主意、谋思路、找对策、送技术，谋划、制定、落实好巩固提升措施。各驻村工作队包户帮扶贫困户471户1598人，帮助贫困群众研究制定帮扶措施244条，梳理群众生产生活方面存在的困难和问题191个，收集整理群众意见和建议13条，帮助解决困难和问题131个。村（居）群众宣传精准扶贫、精准脱贫政策576场次，受教育群众约13919人次，印发扶贫宣传资料3514份，开辟宣传栏50期。组织开展贫困群众技能培训111次，帮助贫困群众转移就业97人，增加现金收入3万元，从各渠道争取扶贫项目13个资金219.4万元。其中，派驻单位帮扶项目10个资金196.2万元；其他帮扶项目3个资金23.2万元。

【加强村（居）“两委”班子】 各驻村工作队坚持“指导不领导、到位不越位、帮办不包办”原则，充分发挥“传帮带”作用，打造一支永远带不走的“工作队”。尼玛县各级驻村工作队积极开办“夜校”补习班，补习政策理论1316学时、文化普及课5639学时，不断提升村干部能力素质；驻村工作队帮助所驻村（居）“两委”理清发展思路176条，制定、完善、实施经济发展规划597项。

【学习政策】 驻村工作队用“藏汉”双语向群众宣讲习近平新时代中国特色社会主义思想和党的十九大精神302场次，受教育群众9757人次；举办专题讲座105次，发放宣传材料2980份，开辟专题宣传栏43期。向群众宣传以习近平同志为核心的党中央为西藏制定的一系列特殊优惠政策和对西藏各族群众的关心关怀281场次，受教育群众10834人次，发放宣传资料2195份。

【主题教育】 开展“四讲四爱”主题教育实践活动102场次，参与群众2551人次。帮助村居制定村规民约67条，推行倡导文明新风，明文禁止陈规陋习。积极组织村民开展村容村貌整治工作，开展打扫卫生、植树等活动119场次，向群众宣传湿地保护和恢复，退牧还草、人工种草，保护好雪域高原的一草一木、山山水水等活动 130 场次，受教育群众 3557 人次。宣传免费教育政策和就业创业优惠政策 145 场次、覆盖群众 2893 人次，积极鼓励 8 名高校毕业生参与大众创业、万众创新活动。

【法制宣传】 开展法制宣传教育，积极推动社会主义法治理念不断深入人心，引导群众守法、用法。累计开展法制宣传教育 103 余场，参与群众 2674 人次。妥善处理各类矛盾纠纷，驻村工作队召开村情民意群众会议 88 场次，走访所驻村居 5189 户，积极化解和妥善处理各类社会矛盾 59 件，排查调处矛盾纠纷 49 件。

【落实惠民政策】 通过各种形式慰问五保户、贫困户和困难户群众 893 人次，发放慰问品价值 38.66 万余元，慰问“三老人员”23 人次，发放慰问品价值 1 万余元；为民办实事好事 35 件，投入资金 6 万余元。

【精神文明建设】 积极培育和践行社会主义核心价值观，向群众宣讲弘扬“老西藏精神”“两路”精神，举办“神圣国土守护者、幸福家园建设者”等专题讲座 36 场次，发放宣传资料 800 份，引导广大群众向榜样先进学习靠拢，将榜样的力量转化为活动的实践。针对农牧民群众中存在的不良习惯和陈规陋习行为开展教育活动 177 场次，受教育群众 3054 人次。丰富文化生活，以“3・28”西藏百万农奴解放纪念日、中华民族传统节日为契机，举办形式活泼、内容丰富的节日民俗和文化娱乐活动共 189 场次。驻村工作队协助村（居）“两委”深入开展“七五”普法，学习宣传宪法等法律活动 115 场次，提高农牧民群众法律意识，做到遵法、学法、守法、用法，用法律维护自身权益。

5 月 7 日，尼玛县县直机关开展“做合格党员 争当先锋模范”主题演讲比赛

6 月 2 日，尼玛县党员政治教育培训班召开

7 月 1 日，尼玛县机关工委组织全县党员干部，开展“七一”建党 98 周年纪念大会

7 月 16 日，对参加知识竞赛获奖者进行表彰

【强基办 2019 年负责人名录】

办公室主任：王秋生

办公室副主任：朗　措（藏、女）

县机关工委

【组织领导】 严格落实领导责任制，加强对各党支部的管理，定期对支部开展活动进行督促指导，确保各项工作落实到位。认真组织学习教育，紧紧围绕党员政治教育为主，深入开展“不忘初心、牢记使命”主题教育，全年共开展各类教育 1680 余次，开展党支部班子培训 1 次，开展党员政治教育培训 1 次，受教育党员 530 余人次。

【党的建设】 以党支部为单位，以“三会一课”制度、主题党日活动等为主要手段，积极开展“做合格党员、当先锋模范”教育活动，县直机关工委牵头举办“做合格党员、当先锋模范”主题演讲比赛 1 期。

【党务培训】 进一步深入贯彻落实习近平总书记在全国组织工作会议上的重要讲话精神。举办吴英杰书记关于西藏自治区党员教育培训，切实加强党员政治教育，按照党员教育培训计划，尼玛县机关工委邀请市委党校副教授陈毅生和张霞围绕政治教育方面为党员干部进行精彩培训授课。按照县直党支部发展党员中存在的问题，组织党支部班子成员开展 1 次发展党员培训工作。切实通过培训来提升党员干部的政治觉悟和党性修养，在开展工作时也提升工作能力。

【基层组织】 按照“科学划分，方便工作，提高效率，发挥作用”的指导思想，将 2018 年原有的 17 个党支部重新划分为 23 个党支部，真正按照党组织组建条件，做到应建尽建。2019 年按照党员发展计划，县直机关全年共发展党员 32 名，其中新接收预备党员 16 名，转为正式党员 16 名。

【机关工作委员会 2019 年负责人名录】

机关工作委员会书记：未配备

机关工作委员会副书记：边巴央金（藏、女）

县国安办

【概况】 尼玛县国安办于 2019 年 4 月正式成立，自成立以来，深入学习习近平新时代中国特色社会主义思想，切实增强“四个意识”，坚定“四个自信”，做到“两个维护”。将维护稳定作为硬任务和第一责任，不断增强忧患意识和风险意识，狠抓维护国家安全和社会稳定、边界管理等工作，坚决打赢维稳安保攻坚战。全年共完成社会稳定风险评估 37 次，其中节庆活动 25 次，重大项目 12 次。

【安全教育】 大力开展国家安全进企业、进车站、进机关“三进”活动，推动形成全县宣传、全县融入、全方位覆盖的宣传态势。利用“4·15 全民国家安全教育日”集中宣传活动，向广大干部职工和人民群众宣传、讲解《中华人民共和国国家安全法》《中华人民共和国反间谍法》《中华人民共和国网络安全法》《中华人民共和国婚姻法》《中华人民共和国道路交通安全法》《中华人民共和国消防法》《中华人民共和国劳动合同法》等法律法规，努力提升国家安全意识，自觉维护国家安全。利用单位、企业、学校等地的 LED 显示屏、普法宣传栏播放国家安全教育活动标语，制作张贴“国家安全法”主题海报，推进国家安全法宣传广泛覆盖，进一步提高群众维护国家安全的法治意识和法治观念。

【社会治安】 尼玛县 4 个便民警务站采取分区域管理和不定时、不间断巡逻模式，加大巡逻密度，对要害部位、重要民生目标，按照辖区分片进行管控。同时，加大对超市商场、网吧、出租屋、加气站等治安复杂场所进行巡逻，确保不留盲区、不留死角。全年参与社会治安工作 8000 余人次，“红袖标”出动 2 万余人次。

尼玛县各检查站严格按照“四逢四必查”要

8月21日，县国安办组织工作人员密集检查娱乐场所安全隐患

10月9日，县委组织干部职工观看百万农奴解放纪念馆巡回图片展

求，严查过往人员和车辆，全年各检查站共检查112054人次，车辆95946台次，物品37466件，其中发现违停492起，未系安全带273起，逆向停车301起，无证驾驶24起，摩托车未戴头盔436起。

2019年，县公安、消防、安监、住建、发改、教育、统战、民宗以及各乡（镇）对各自领域内的安全生产隐患进行排查，共执法245次、查出隐患873处、整改隐患850处，整改率97.1%、下发整改通知书30余份、停业整顿7家、行政处罚13万元。

【国安办2019年负责人名录】

国安办主任：

陈鹏安（2019年11月任职）

县委巡察工作

【概况】 2019年尼玛县委巡察坚持以习近平新时代中国特色社会主义思想为指导，始终紧跟中央、自治区党委、市委、县委巡视巡察工作部署，从强化党风廉政建设和反腐败斗争、深化“四个着力”，到深化政治巡察，突出坚持党的领导。尼玛县委坚持以习近平新时代中国特色社会主义思想为指导，坚决贯彻党中央巡视工作方针以及自治区党委和市委关于巡视巡察部署要求，坚定不移深化政治巡察，精心谋划推动尼玛县委巡察工作，把巡察作为“书记工程”来抓，着力推动新时代巡察工作高质量发展。截至2019年底，尼玛县巡察工作稳步推进，共安排6个巡察组对24个党组织开展巡察工作。县委始终坚持问题导向，县委书记自觉担负起第一责任人责任，对巡察中的重要工作亲自部署、重大事项亲自过问、重要环节亲自协调、重要问题亲自督办。县委书记组织召开动员部署会1次，书记专题会听取巡察工作情况汇报1次，对巡察发现的问题和问题线索，做到点人、点事、点问题。

【组织领导】 2019年健全机构队伍，调整充实县委巡察工作领导小组。按照市委巡察领导小组要求，为全面推进县委巡察工作，尼玛县立即召开党委专题会议，调整以市政协副主席、县委书记

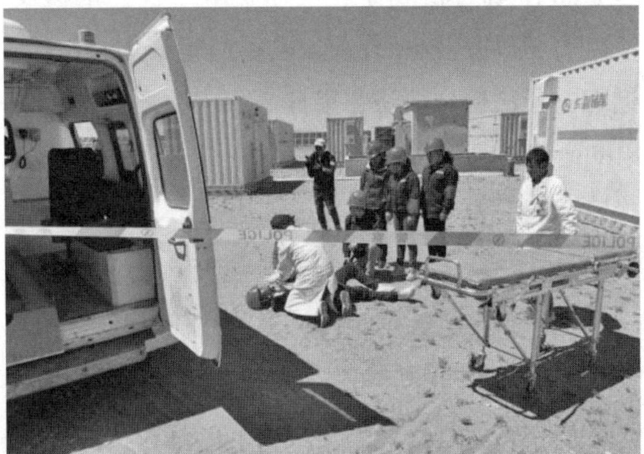

10月10日，华电西藏能源有限公司尼玛分公司开展安全演练

4月25日，县国安办牵头组织相关部门开展工商贸安全检查

6月11日，县国安办牵头组织行业监管部门，开展危化品安全检查

徐建为组长的巡察工作领导小组，成立以县委常委、纪委书记刘建峰为常务副组长，县委常委、组织部部长王秋生为副组长，县纪委副书记、监委副主任益西曲珍，县委组织部副部长朗措，巡察办主任为成员的领导小组。巡察工作领导小组下设巡察办公室，负责统筹、协调、指导巡察组开展工作等职责。巡察办下设两个巡察小组，由巡察组承担巡察任务，向巡察工作领导小组负责并报告任务。

【巡察工作】 2019年每轮巡察前，县委巡察办都根据自治区、市委和县委对巡察工作的要求，科学合理地制定《巡察工作方案》，对巡察期间、内容、对象、方法步骤等方面提出具体意见，经县委常委会同意后实施。县委按照相关要求，五届尼玛县委第六轮巡察成立3个巡察组，第七轮成立3个巡察组（含色尼区交叉组）。开展巡察工作前，县委巡察办均向纪检、组织、公法检、信访、审计等部门收集被巡察对象“七个方面”的重点情况，形成部门协同、资源共享的合力。每轮巡察，县委巡察工作领导小组都召开巡察工作动员会，县委组织部对巡察组进行授权并安排工作任务。县委派出3个巡察组以“一拖四”的方式分别对县商务局，县信访局，县委办（档案局、机要局），县公安局，县总工会（团委、妇联），县兽防站，县行政审批和便民服务局，县国安办，县科技局，县工商联，县电视台等12家单位开展常规巡察。

【巡察办2019年负责人名录】

巡察办主任：普　桑（藏）

巡察一组组长：莫洪羽

巡察二组组长：旦真次仁（藏）

信访工作

【党建】 2019年，信访局牢固树立夯实基础、建设基层的思想，严格按照自治区、市、县党建工作要求，全心全意优化服务，从严从实加强队伍建设，有力地推动各项工作的开展。开展思想政治工作，谈心谈话，提升干部职工对单位的认同感、归属感，及时制定《2019年党风廉政建设和反腐工作实施方案》，严格执行“八项规定”，信访工作作风建设和党风廉政建设不断加强。开展党的群众路线教育实践活动，在联系实际上下功夫、在突出问题导向上下功夫、在从严从实上下功夫，从推进学习、梳理问题、整改落实等方面制定具体有效的措施。2019年，按照中央和自治区、市关于信访工作的重要指示和决策部署，紧紧围绕《2019年那曲市信访工作目标管理责任书》及有关会议文件要求，进一步强化基础建设、拓宽信访渠道，在积案化解等方面严明工作纪律、严格责任追究，信访工作取得实效，取得全市第三的排名。

【机构改革】 根据2019年机构改革要求，尼玛县信访局挂牌成立，为切实做好信访工作，更好地畅通信访渠道，提高办理信访事项的效率，现已设立单独办公室、接待室，配备网络专机、打印扫描一体机、办公桌椅、档案柜等设备，并完善各类信访制度。为进一步规范信访工作流程，根据信访实际工作需要，坚持原则性与可操作性相结合，对信访工作受理、登记、办理、答复和归档作明确规定，进一步规范信访受理、办理的工作运作流程。建立健全信访联席会议、督办调研、信息报送、经费保障等多项制度，多措并举，确保信访事件第一时间就地及时解决。落实各乡（镇）、县各信访部门信访分管领导及工作人员，建立完善工作机构，方便信访群众反映问题、表达诉求。实行党政领导干部定期接访、坐访、下访工作制度，现场接访、现场解答、现场解决问题，进一步畅通信访渠道，推动尼玛县信访工作向法治化轨道和涉法涉诉信访改革进程。2019年共实地检查20余次，接受群众咨询50余次。

公开接访电话、投诉信箱的同时，以设立岗位公示牌的方式公开信访干部电话，时时加强与信访群众的沟通和交流，融洽干群关系。按照《信访条例》的要求，严肃纪律、严格程序，认真受理和办理群众信访问题，形成信、访、网、电为一体的信访工作格局。

【群众信访】 2019年，县信访局共受理来信81件，网上投诉3批3人次，所受理的信访件都严格按照受理办理程序及时进行回复。全年共接待群众来访177批723人次，反映的问题主要集中在拖欠农民工工资、运输费、材料款、租赁费等方面。

【矛盾纠纷化解】 开展矛盾纠纷排查化解，认真排查各领域存在的信访矛盾纠纷和信访隐患问题，进行有效化解。对信访积案进行全面梳理，组织专门工作人员，研究排查，进一步解决疑难典型案件。2019年，县信访局在尼玛县定期开展矛盾排查化解工作。尼玛县共排查出各类矛盾纠纷32件、化解32件，化解率达100%。全年共召开12次尼玛县信访工作联席会议，对8件疑难复杂信访事项进行集中研究，结合政策制定解决方案及办法措施，化解一批疑难复杂信访事项。

【领导接访下访】 2019年，信访工作实行每个工作日保证有一名县级领导在信访接待室接待来访群众，全年县级领导共接待来访群众38批92人次。

【脱贫攻坚】 2019年，信访工作为尼玛县脱贫攻坚工作保驾护航，全年开展“访民情、送温暖”活动共2次；帮扶贫困家庭3户6人；帮扶资金共计3000元，杜绝扶贫产业违规现象。

【信访局2019年负责人名录】

信访局副局长：殷　强

信访局副局长：次仁玉珍（藏、女）

援藏单位

【援藏项目】 2019年是尼玛县脱贫攻坚的决胜关键年，中国海油援藏资金由3047.5万元增加到4000万元，较上一年增加31.26%，其中用于扶贫和民生领域的援藏资金占当年援藏资金总额的96%。围绕尼玛县年度脱贫攻坚任务，援藏工作队充分发挥中国海油与尼玛县政府的桥梁纽带作用，积极对接项目、统筹配置资金，科学合理管控、精准发力扶贫，全力抓好2019年援藏项目管控。

尼玛县扶贫综合体项目包括4栋商业综合楼及消防水池、箱变等相关配套，总建筑面积6504.41平方米（其中综合楼建筑面积6009.53平方米、设备房面积494.88平方米），计划总投资3000万元（其中2019年投入2048万元），年底已完成投资1977.408万元，整体进度为95%。该项目集旅游接待、商业、餐饮、住宿、影院等为一体，建成后可依托西部旅游环线区位优势，在加大旅游服务接待能力的同时将带动20—30名建档立卡贫困人口参与就业，按月工资1856元（尼玛县最低工资标准）计算，年增收44.5万—66.75万元。同时，按照项目纯利润15%计算，年盈利约201.6万元，可使依托该项目分红的900名贫困人口人均增收达2000元以上。

旅游规划项目投资50万元，邀请专业咨询公司对当惹雍错景区整体开发开展控规，围绕尼玛县独特的生态旅游资源和古象雄历史文化，对县域自然资源和人文资源进行整体规划，项目总体规划已通过县级初审，待完善后报那曲市主管部门审核。尼玛县乡村振兴战略规划项目投资60万元，邀请专业单位编制《尼玛县乡村振兴战略实施方案（2019—2023）》，该项目结合尼玛县所属14个乡镇自身的农牧业等产业资源的禀赋特点，充分发挥“一乡一社、一村一合”的集体经济优势，为实现“产业兴旺、生态宜居、乡风文明、治理有效、生活富裕”的总目标指明方向。县城易地搬迁扶贫集中住宿点配套工程项目（二期）投资775万元，项目主要包括室外给水、污水、雨水、供暖、室外路面硬化及照明等工程，保障12个乡镇483户1875名建档立卡贫困群众迁入新址。落实自治区党委关于“援藏央企力争本期建设3个小康示范村”的工作任务。市政保洁员就业项目投资100万元，为尼玛县14个乡镇提供市政保洁服务，项目为全县80名建档立卡贫困户提供稳定就业岗位和收入。扶贫公交车项目投资55万元，用于购买两辆高原版公交车，现已开通两条公交路线，一条是军仓乡、文布乡、达果乡线路，另一条是卓尼乡、申亚乡、卓瓦乡线路，公交线路运行为建档立卡贫困户家庭提供了2个就业岗位，人均收入5300元。扶贫民生多功能车项目投资80万元，用于购买6辆扶贫民生多功能车，具有照明、供暖、住宿、载货、餐厨等功能，已投放至中仓乡、阿索乡、申亚乡、达果乡、军仓乡和尼玛镇，主要安置于乡镇主干道路口用于重大节日安保工作。

【**人才培养**】 基层卫生医疗从业人员培训培养项目投资100万元，2019年依托四川大学华西医院和西藏自治区人民医院的对口帮扶资源，为22名基层卫生医疗从业人员培训，全年共接诊服务880人次，同96户建档立卡贫困户建立医助签约关系，累计上门服务203次。

【**技能培训**】 2019年就业技能及管理提升培训项目投入100万元，全年培训82人次，培训内容涉及脱贫攻坚、农牧业发展、公文写作、应用技能培训等方面。

【**文化交流**】 文化交流项目投资50万元，一是邀请专业团队拍摄、制作旅游宣传片，进一步提升尼玛县旅游品牌影响力和吸引力；二是为文布南村锅庄舞、孔雀舞等非物质文化遗产进校园提供支持；三是为民间艺术团的文艺巡回演出提供保障。

【**党建**】 党建促脱贫攻坚项目投入32万元，县组织部牵头组织县乡党支部书记共计26人，前往红色教育基地井冈山接受革命教育，追忆红色历史，缅怀革命先烈。

【**教育**】 尼玛县义务教育均衡配套项目投资500万元，项目主要对尼玛县完全小学教室、宿舍、食堂、运动场、功能室等进行维修升级改造，为广大师生创造良好的教学环境。为确保项目前期筹备充分，加之尼玛县施工窗口在2019年11月初关闭，故2019年只完成了前置手续和设计方案优化，未开工建设。

【**精准扶贫**】 中国海油机关员工与尼玛县贫困高中生结对帮扶，共捐款14.4万元，走访慰问文布乡建档立卡贫困户家庭，发放慰问金3000元。12月，选定3名家庭困难的优秀高中生，开展结对帮扶。加强与海南成美基金会工作对接，启动重特大疾病及“急难”情况贫困妇女、儿童救助工作。10月，所属14个乡镇工会深入牧区、走访核实，积极开展调查摸底。共确定符合救助条件的困难家庭69个，其中四级以上残疾人家庭困难户占70%，患癌症、先心病等因病致贫家庭占30%，累计发放救助金47.5万元。中国海油集团公司“扶贫日”期间，机关员工共向尼玛县捐赠爱心衣物及图书总计842件。慰问贫困家庭6个、对口寺庙住持2人。按照集团公司2019年“扶贫日”活动的通知安排，邀请藏族男女穿着民族服装向参展人员推介，展销旅游特色商品，赠送西藏旅游资料，全方位展示藏域特色文化。展销农牧及文旅产品，邀请尼玛县来多乡手工艺人现场制作并售卖传统织布工艺品，展销化妆品、牙膏、矿泉水等扶贫产业产品，销售额共1.8万元。充分挖掘“一乡一社”“一村一合”“双创”平台产品以及西藏特色文旅产品资源，同时鼓励“一村一品”，引导支持各乡镇至少培育一个特色农牧产品、手工业文旅产品专业合作社，逐步构建全县农牧产品线上线下销售体系，已挖掘矿泉水、化妆品、食品、文旅产品等5个系列20多个产品，2019年累计在中国海油系统帮助销售西藏自治区农产品46.4万元。

尼玛县人民代表大会

重要会议

【尼玛县第六届人民代表大会第五次会议】 4月10日—12日，召开尼玛县第六届人民代表大会第五次会议，听取和审议尼玛县人民政府工作报告；审查和批准尼玛县2018年国民经济和社会发展计划执行情况与2019年国民经济和社会发展计划草案的报告；审查和批准尼玛县2018年财政预算执行情况及2019年财政预算草案的报告；听取和审议尼玛县人民代表大会常务委员会工作报告；听取和审议尼玛县人民法院工作报告；听取和审议尼玛县人民检察院工作报告。

重要决议

【议案】 尼玛县第六届人民代表大会五次会议上代表提出的93条意见建议经归纳梳理后共68条，于2019年5月2日召开意见建议交办会，县委、县政府主要领导亲自审查阅批，加强与代表的沟通。8月13日，县人大常委会听取审议县委、县政府办理第六届人民代表大会五次会议代表提出的意见建议的情况，人大代表意见建议的办结率达100%、满意率达95%。

【人事任免】 坚持党管干部与人大依法任免有机统一，严格任免程序，使县委推荐的人选通过法定程序成为国家机关工作人员。2019年10月下旬，召开尼玛县第六届人民代表大会第六次会议，选举产生尼玛县人大常委会主任1名、副主任2名、副县长2名。选举和任免国家机关工作人员46人次，任命人民陪审员18人次，严格按照《西藏自治区实施宪法宣誓制度办法》规定，先后组织14名新任命人员向宪法宣誓，切实增强国家政权机关工作人员的法治意识和责任意识。

监督工作

【一府两院】 2019年，县人大常委会除积极配合市人大开展的执法检查外，重点听取公安机关执法规范化建设、人民法院“基本解决执行难”和检察机关公益诉讼检察工作及《中华人民共和国未成年人保护法》《中华人民共和国预防未成年人犯罪法》等法律法规执行情况，使法律监督的作用落到实处。常委会以推进公正司法为目标，强化法律监督，注重法治惠民，努力营造良好的法治环境。把“两院”工作中的薄弱环节和突出问题作为重点监督对象，切实加大法律监督和工作监督。截至2019年底，列席旁听县法院案件审理及其他工作8人次，听取工作汇报2次。备案刑事案件4件4人，为县检察院充分发挥检察职能，惩治犯罪提供了有力保障。2019年，参加县政府常务会议及重大决策的研究部署会议19次、各项采购验收18次。

【精准扶贫】 2019年，是尼玛县脱贫摘帽之年，县人大常委会年初制定出台《尼玛县人大常委会关于充分发挥两级人大作用助力脱贫攻坚的意见》，成立以县人大常委会主任为组长，副主任、办公室全体干部、各乡镇人大负责人为成员的工作领导小组。要求县、乡（镇）两级人大将本地区脱贫攻坚的相关工作纳入本级人大及其常委会、主席团的工作范畴，推动脱贫工作有序开展。通过听取和审议政府及相关部门的专项报告，组织专题询问、工作评议、执法检查、视察、调研等，监督政府将党和国家对脱贫攻坚的相关政策落到实处。常委会围绕脱贫攻坚工作，听取审议“义务教育均衡工作、转移就业落实情况、乡镇缺医少药问题、乡镇人大助力脱贫攻坚”等工作开展情况，并提出了许多有价值的意见和建议。全年听取专题汇报2次，下乡督导12次，全力助推脱贫攻坚向纵深发展。贯彻落实党员干部与贫困户“结对帮扶”活动，县人大党组及办公室为16户结对帮扶对象送去慰问金及物资总计价值2.1万元。

【县人民代表大会常务委员会2019年负责人名录】

县委副书记、人大常委会主任：

吉生虎（2019年6月离任）

1月21日，县人大党组开展“新旧西藏对比”讨论活动

县委副书记、人大常委会主任：

次仁达培（藏，2019年7月任职）

人大常委会副主任：石秀热旦（藏）

人大常委会副主任：扎西桑培（藏）

人大常委会副主任：洛　桑（藏）

人大常委会副主任：

泽仁杰达（藏，2019年6月任职）

人大常委会副主任：

陈豆豆（2019年7月离任）

人大常委会副主任：

杨雪斌（2019年9月任职）

人大办公室主任：达瓦仓决（藏、女）

尼玛县人民政府

综　述

【概况】 2019年全县生产总值90805.00万元，增速7.40%。一产增加值14634.00万元，增速5.30%；二产增加值15058.00万元，增速4.10%（其中工业增加值388.00万元，增速89.8%；建筑业增加值14670.00万元，增速6.40%）；三产增加值61113.00万元，增速9.60%。

【精准扶贫】 2019年群众认可度达99.96%，顺利通过第三方考核验收。2019年建档立卡贫困户人均受益1718.21元。

【生态建设】 坚持“绿水青山就是金山银山”的发展理念，持续优化自然环境，努力保护和发展尼玛县得天独厚的生态优势。全年空气质量达国家Ⅰ级标准，地下饮用水水质达国家Ⅲ类标准，土壤质量达国家Ⅱ类标准。继续落实“河（湖）长制”，深入开展清“四乱”专项行动，严厉打击非法侵占滩地水域、非法采砂取土、违法向河湖倾倒医疗废弃物和建筑垃圾、违法占用河道行为。完成水源保护工作。2019年昂孜错—马尔下错湿地和当惹雍错湿地恢复与保护项目（三期）全部竣工。强化项目落地环保审批，严守生态保护红线，严格执行项目环评、环保“三同时”制度，全年共审批建设项目108项，环境影响评价执行率达100%。开展全县绿化工作，投资177.4万元实施2019年西藏“两江四河”流域造林工程，种植江孜沙棘、秀丽水柏共3.55万棵，种植面积达计划的80%。建立巡护监测制度，健全巡护队伍，在尼玛县出入羌塘保护区的6个重点专业管护站设检查点，对外来车辆、人员进行登记，严防非法穿越羌塘保护区事件再次发生。针对各级环保督察组反馈的问题，制定整改任务清单，限时整改销号，完成整改86小项，各项任务按照时间节点稳步推进。

【防范重大风险】 尼玛县人民政府坚持防范化解重大风险，加强债务管理，全面开展民营企业和中小企业账款拖欠清理工作，清还“三项工程”建设项目账款1200万元，棚户区改造垫资欠款已主动向上级政府汇报，申请滚动还款资金3000万元。

【基础建设】 全县除荣玛乡外，乡（镇）道路通畅率达100%，建制村通畅率达50%。农村客运班线已惠及11个乡（镇）。

【城市建设】 总投资2220.98万元的污水处理厂项目，已完成总工程量的95%，现处于组装阶段。15座经改造的厕所已投入使用并明确专人管理和维护，完成960户危房改造项目。

【农林水利】 重点实施2018年天然草原退牧还草工程，已完成工程量的90%。尼玛县新城区防洪堤、申亚乡下噶荣藏布格玛段河道治理工程全部竣工投入使用。新建农村饮水安全巩固提升工程960处，惠及约2.32万名群众。

【能源建设】 尼玛县110千伏输变电工程主体基本完工，县城实现主电网对接，结束尼玛县电力孤网运行的状态。总投资3.47亿元的35千伏输变电工程，已完成总工程量的74%。

【民生项目】 2019年投资6915万元对16所学校进行基础设施改造和维修。投资168.89万元实施阿索乡、中仓乡文化站维修项目和贫困村文化设备购置、录音室建设、寺庙文物保护、人民医院重症监护室建设等项目。投资400万元建设尼玛县蔬菜保鲜库，已完成工程总量的85%。新建通信基站22座，全县通信基站达180个，14个乡（镇）所在地宽带全部通畅，77个行政村（居）通信信号覆盖率、电信网络覆盖率均达100%。

【教育】 开展控辍保学工作，对61名残疾儿童开展送教上门，全面落实“五个100%”要求，全县小学适龄儿童在校生3446人，毛入学率达100%。初中适龄少年在校生1424人，毛入学率100%。义务教育均衡发展顺利通过自治区评估验收。

【就业】 全年完成362名农牧民技能培训，其中建档立卡贫困户282人，培训后就业率达87.23%，精准摸排项目用工需求岗位1733个，完成对接543人，累计完成农牧区富余劳动力转移就业3773人，实现收入3558.82万元，城镇新增就业95人，实现收入341.69万元，城镇登记失业率控制在3%以内。2019年应届高校毕业生57人全部就业，兑现入住双创平台4名创业大学生创业扶持资金20万元。

7月16日，尼玛县副县长唐江（左二）在文布南村至穹宗遗址农村公路建设点检查指导工作

【医疗】 建成人民医院污水处理站和7个乡（镇）卫生院阳光棚，为8个乡（镇）配备流动医疗服务车，30个村（居）卫生室配齐医疗设备。家庭医生签约管理服务率100%，实现慢病签约服务全覆盖。加大“三病”筛查力度，全县“三病”筛查率均达98%以上。解除建档立卡贫困户报销单次2万元封顶线，提高到每年6万元封顶，累计报销1161.3万元。加大与四川华西医院、自治区人民医院交流力度，累计开展业务培训和讲座459次，建成人民医院与四川华西医院远程信息系统，提升远程医疗援助能力。新衔接北京东方医院帮扶尼玛县藏医药事业发展，完成25种藏药制剂备案申请，藏药年销售额达39.32万元。

【文化】 2019年组织中华人民共和国成立70周年、西藏民主改革60周年、“3・28”等大型文艺演出，落实“五下乡”送文艺、送文艺进敬老院等系列文化演出，全年县、乡、村文艺演出690余场次，观众人数达10.35万余人次，广播电视人口综合覆盖率达100%，放映电影1089场次，观众人数达2.91万人次。

【援藏】 2019年顺利完成中海油援藏干部人才轮换工作。2019年，中海油援藏资金增加至4000万元，其中用于产业脱贫和改善民生的资金占96%。

【社会兜底】 全年完成医疗报销1192.03万元，为17人申报大病保险，申报医疗救助210.7万元。兑现临时救助资金60.5万元，惠及群众54户193人次。为119名适龄残疾儿童办理残疾证，兑现残疾人“两项”补贴298.08万元，惠及1570人次。发放高龄“两项”补贴15.36万元，惠及256人次。180名特困老人实行集中供养，供养资金达78.9万元。兑现27名分散孤儿补助资金26.24万元。“居民医保＋大病保险＋医保救助”多项社会保障衔接机制逐步形成。

11月17日，山南市高海拔生态搬迁负责人员到俄久乡开展高海拔生态搬迁调研工作，尼玛县副县长格桑曲珍（右三）陪同

【牧业】 加快农牧基础设施建设，实施尼玛县人工种草与天然草场改良建设、退牧还草、藏系绵羊养殖基地建设等项目。2019年全县共有“一乡一社”14家，“一村一合”77家，经济合作组织实现收益1121.36万元，分红724.91万元，带动农牧民就业1119人次，增收357.38万元。全县牲畜存栏量折合绵羊单位后为114.29万头（只、匹）。成功举办第七届畜产品展销会，销售额达3240.94万元，同比增长34.15%。

【旅游】 尼玛县以当惹雍错为中心，实施尼玛县中象雄文化旅游景区、尼玛县当惹雍错景区旅游项目建设，先后组织17名群众、1名经济合作组织带头人，1名家庭旅馆负责人赴区内外实地考察学习旅游服务产业先进管理经验。2019年全县接待游客3.6万人次，同比增长19.44%，实现旅游综合收入1782.38万元，同比增长62.03%。

【招商引资】 全年招商引资项目共11个，其中5个项目已签订协议，6个意向性项目正在办理前期手续。

【提案议案】 人大建议、政协提案办理落实到位，办理人大建议68件、政协提案8个，答复率100%。

【尼玛县政府2019年负责人名录】

县委副书记，县长：旦　巴（藏）

市政府副秘书长，县委常委、常务副县长：

张　喆（2019年7月离任）

市政府副秘书长，县委常委、常务副县长：

付晓宇（2019年9月任职）

县委常委、副县长：昭　阳

副县长：达吉次仁（藏）

副县长：程崇喜（藏）

副县长：唐　江

副县长：格桑曲珍（藏、女）

副县长：邓李洪

副县长：阿旺罗布（藏，2019年7月离任）

副县长：旺　多（藏）

县政府办主任：扎西桑姆（藏、女）

脱贫攻坚

【概况】 2019年，共有建档立卡贫困户2340户9540人。4年累计减贫2340户9540人，77个贫困村（居）退出。脱贫人口全部达到“两不愁三保障”标准，贫困发生率从25.26%下降至0，群众认可度达到99%以上，实现了贫困人口稳定脱贫、贫困村（居）有序退出。

【党建引领助脱贫】 县委、县政府切实担起主体责任，督促各乡（镇）履行好具体责任，各村（居）履行好落实责任，各单位履行好配合责任，各驻村工作队、第一书记和“双联户”户长履行好帮扶责任，形成一级抓一级、层层抓落实的责任体系。2019年共召开县委常委会9次，县扶贫开发领导小组会10次，县委联席会议1次，县脱贫攻坚指挥部会议6次。选优配强村（居）“两委”班子、第一书记、驻村工作队，对作用发挥不好、表现差、能力弱的人员及时予以撤换调整。

2019年，党政主要领导坚持每半个月至少一次到乡镇、到贫困村，遍访贫困村和重点贫困户，看实情、察进展、听民声、解难题；每周至少一次到易地搬迁项目推进点，督导工作进展，现场解决问题。同时，县“四大班子”领导每月深入对口联系乡（镇）、村（居）开展驻村督导扶贫形成常态。尼玛县阿索乡空隆村党员、老干部、富裕户等群体在2019年自发为“一村一合”捐赠活畜1814头（只），现金捐款2152元；县城129名老党员、老干部，自发帮扶县城集中安置点51户贫困群众，给予慰问金4.1万元。

【产业扶贫】 尼玛县始终把产业扶贫、产业脱贫作为尼玛县脱贫攻坚工作的核心内容，坚持精准实干的指导思想，将产业项目作为贫困户脱贫致富的重要手段，不断加快产业建设步伐。2019年建档立卡贫困户人均产业扶贫受益1718.21元。完善产业扶贫项目的利益联结机制建设，确保产业扶贫项目覆盖所有建档立卡贫困户。根据产业扶贫项目点的岗位需求，积极协调对接，确定岗位需求人数与各乡镇、合作社签订贫困户就业目标责任书。为有效解决县城易地搬迁配套产业问题，县产业扶贫12个项目对接县城集中搬迁点贫困户群众。

【转移就业】 以尼玛县建档立卡贫困户人口为基础，按照“准确、清楚、动态”的要求，全面了解贫困群体的人员结构和就业创业需求，采用“订单定向式、送技下乡、后进群众教育”的方式，有针对性地开展保洁员、餐厅服务员、建筑施工、厨师等23个工种培训。2019年尼玛县建档立卡贫困户就业2875人，持续在岗人员1248人，技能培训331人，其中贫困户272人，培训后实现就业230人。

【易地搬迁】 统筹规划集中和分散安置点水、电、路、讯、供暖等配套基础设施，通过整合资金，不断完善易地搬迁安置点的水电畅通、路面硬化、区域亮化等配套基础设施建设。县城集中易地搬迁安置点总投资13634.65万元，用于居民饮水、排水、供电、供暖、道路硬化、基础电信网络、环境绿化、亮化等方面。

【教育脱贫】 始终把控辍学作为教育脱贫工作的一项重要任务来抓，制定出台《尼玛县控辍保学专项整治工作实施方案》，积极开展家访劝返工作，提高义务教育阶段学生入学率。截至2019年底7—15岁适龄儿童4803人；初中在校生1461人、小学生3342人、幼儿1403人，义务教育阶段入学率达到100%，义务教育入学率保持稳定。全力做好贫困生资助工作，做到政策宣传到位、帮扶措施到位、资金落实到位。2019年，共资助大学生62人，资助资金29.4万元。

【生态建设】 2019年，共安排符合生态岗位遴选条件的人员10354人，拨付资金3623.9万元。进一步加大生态补偿扶贫工作力度，加强生态岗位人员和村级生态环卫管护员的管理，努力营造脱贫攻坚工作“无局外人”的工作氛围，县脱贫攻坚指挥部和林业局等8家职能部门共同建立生态补偿脱贫联动工作机制。制定出台《尼玛县生态岗位岗前培训方案》《尼玛县生态岗位考核办法》。

【兜底保障】 2019年，及时足额兑现农村低保金959.6万元，惠及17285人次；兑现残疾人“两项补贴”298.08万元，惠及1570人次，对180名特困老人进行供养，提供保吃、保穿、保住、保医、保葬五项生活保障。广泛开展“救急难”工作，形成“居民医保＋大病保险＋民政救助”多项保障衔接机制，解决贫困群众生活中遭遇的突发性、临时性、紧迫性困难问题。2019年临时救助50户214人，发放救助金55.5万元；医疗救助困难群众462人，救助资金231.35万元。

【惠民政策】 2019年县级财政安排扶贫专项资金302.5万元，援藏资金按不低于80%的比例投入扶贫领域3850万元，援藏资金投入扶贫领域达96.25%。2019年发放扶贫小额信贷2367.55万元，惠及633户。完善乡村道路建设，在原有道路的基础上，着力补齐“断头路”，修好“便民路”，健全交通体系网。2019年共新建乡村公路365.48

千米，乡村道路网络已基本形成。2019年，投资7894.92万元，建设安全饮水点1079个，23262名群众受益。投资1369.15万元实施危房改造，尼玛县960户群众享受到国家惠民政策，住房安全得到保障。

【结对帮扶】 尼玛县按照“321”帮扶模式，县主要领导包片、县级领导包乡、乡科级领导包村、一般干部职工包户的工作机制，定期开展走村入户慰问帮扶工作，以谈心谈话、政策宣传等方式，教育引导群众移风易俗，破除“等、靠、要”思想，从“要我富”向“我要富”转变。2019年，自治区8家单位、那曲市10家单位共569名职工，尼玛县（中）直62家单位共1715名干部参与结对帮扶活动，累计进村入户帮扶1万余次，为帮扶对象解决实际问题329条，帮助贫困户理清发展思路816条，帮扶物资及资金共计600余万元。海德资产管理有限公司对荣玛乡开展“百企帮百村”活动，帮扶资金200万元。西藏华晨医疗科技有限公司对军仓乡开展“百企帮百村”活动，帮扶资金100万元。拉萨天海集团在尼玛县来多乡驻村时，捐赠3辆共价值150万元的运输车辆。中国平安集团结合平安集团“村医”扶贫工程及在医疗科技领域的创新科技实践成果，为中仓乡捐赠检测一体机、制氧机等37种设备共计9套医疗器材，折合100万元，受惠牧民群众近3000人。自治区党委组织部积极对接社会各界爱心人士，为所驻村（居）群众捐赠衣物2000余套。西藏湖南商会向尼玛县中学捐赠电脑、篮球、足球等文体用品价值26.7万元。北京、湖北建藏援藏工作者协会为尼玛县捐赠200辆高原捡拾车。

【督查检查】 2019年度，对表现突出的44名扶贫干部拟予以提拔重用，对工作落实不力的1名扶贫干部进行诫勉谈话；并以县委、县政府名义大力表彰在脱贫攻坚中表现优异的先进集体6个、先进个人10人。先后制定出台相关规章制度，将扶贫领域腐败和作风问题专项治理工作纳入日常监督范围，不断形成监督常态化；组织县纪委、财政、审计、扶贫等部门开展扶贫各领域工作落实情况监督检查，并先后5次深入14个乡（镇）、77个村（居）、670余户牧户了解贫困群众的生产生活情况，对督导检查出的问题建立台账，并限期整改。2019年，尼玛县纪检监察机关专项督查扶贫领域7次，受理扶贫领域腐败和作风问题线索15起、初核14起、立案3件、了结7起、组织处理1件、给予党纪政纪处分2人次、给予诫勉谈话1人次。成立以县委副书记、人大常委会主任任组长，由县纪检委、督查室、巡察办、脱贫攻坚指挥部等多家单位组成的督导考核组，按照《尼玛县脱贫攻坚督查巡察工作办法》，综合运用联合督查、暗访督查、调度督查、回访复查等方式，不定期对脱贫攻坚落实情况进行监督检查，检查村（居）覆盖率100%，牧户覆盖率60%以上。2019年，县级督导组不定期对乡（镇）、村（居）脱贫攻坚落实情况进行督导检查23次，向被督导单位发放《督查交办单》30余份；县级领导深入所包乡（镇）350余次。

【巡视整改】 2019年县委、县政府重视巡视整改和各类监督检查发现问题整改落实工作，截至2019年底，整改完成8条，已整改完成并长期坚持26条，整改完成率达100%。自治区党委巡视六组反馈4个方面17条具体整改事项。截至2019年底，整改完成1条、已整改完成并长期坚持16条，整改完成率达100%。

【脱贫攻坚指挥部2019年负责人名录】

县委常委、副县长：邵　阳

扶贫办主任：旦增江村（藏）

行政审批和便民服务

【概况】 根据系统运行工作实际需求，在“互联网+政务服务”建设方面严格按照那曲市上级单位的运行模式结合实际，成立尼玛县“互联网+政务服务”工作领导小组、工作专班，充分保障实际工作的操作运行。参照《西藏自治区实体政务大厅建设与服务指南》文件，注重从人民群众的需求出发，推动与群众生活相关的政务服务事项尽快进驻基层服务中心，推动与群众县级政务服务大厅为民服务功能提升、服务体制、组建专业化队伍，为群众家门口办事提供高质量服务，结合尼玛县实际，5月，完成乡镇和村（居）政务服务中心（站）挂牌工作。

12月底已经完成13个乡镇和75个村居的政务服务中心、政务服务站的挂牌工作，并投入使用。

【大厅建设】 民政局、医保局、自然资源局、卫健委、城市管理和综合执法局等7家单位入驻服务大厅，设14个对外服务窗口。办理医疗报销、结婚证等直接关系牧民群众切身利益的相关业务。截至2019年12月底办理业务达2314人次，接待咨询达987人次。

【数据录入】 尼玛县在“互联网+政务服务”事项管理平台上，共31家单位认领实施清单858件。截至12月，尼玛县运行平台系统上共办理1758件。截至12月底，共12家单位认领；电子证照共采集781件。

【政务注册】 截至12月底，尼玛县注册的用户13215个，注册数占全县总人数的38.4%，自治区下发的注册目标已经完成。

【行政审批和便民服务局2019年负责人名录】

局　长：次仁扎堆（藏）

应急管理

【概况】 安全生产事关人民群众生命财产安全，事关经济发展和社会稳定大局，尼玛县应急管理局按照“管行业必须管安全、管业务必须管安全、管生产必须管安全”的原则，牢固树立安全发展理念，弘扬生命至上、安全第一的思想，认真贯彻落实党中央、国务院、区、市关于安全生产工作一系列重大决策部署，以防范遏制重特大事故为目标，以安全生产大检查、安全生产打非治违、安全隐患排查整治为抓手，持续加大重点领域、高危行业、关键部位、重要节点的安全生产监管力度，确保尼玛县经济社会平稳发展、人民群众生命财产安全，各项工作取得明显成效，尼玛县安全生产形势持续稳定良好。

【重要会议】 尼玛县委召开县委常委会议1次，专题听取上半年尼玛县安全生产工作情况汇报，分析安全生产工作面临的严峻形势，安排部署下一步具体工作。国安办先后召开专题点评及部署会议4次，传达学习中央领导关于应急管理、安全生产、防灾减灾救灾的重要批示精神，深入贯彻落实党中央、国务院、自治区、市关于应急管理和安全生产工作重大战略部署，结合尼玛县安全生产工作实际，围绕重点领域、高危行业、关键部位、重要节点安排部署安全生产各项任务，扎实有效开展安全生产风险防范，坚决遏制重特大事故的发生。9月12日，召开尼玛县“防风险、保平安、迎大庆”安全防范部署会议，以加强安全生产隐患排查整治为重点，加大执法力度，防范化解安全生产领域重大风险。

【签订目标责任】 为确保安全生产各项工作落到实处，与14个乡镇、3个加油站、41家散装油料销售点签订安全目标责任书共计40余份，全面压实责任，实现乡（镇）属地责任、行业监管责任、企业主体责任。

【安全隐患排查】 尼玛县委、县政府主要领导在重点时段分别带队对建筑施工行业、危化品经营企业、工贸行业、人员密集场所、道路运输、旅游景点、消防安全等点位进行安全生产专项督导检查，安全生产分管领导带队对各领域各行业开展隐患排查专项督导，全年累计开展各类安全专项督导检查30余次，督促各乡镇、各行业、各部门落实属地管理责任，部门落实安全监管责任，企业落实安全生产主体责任。共计出动人员120次，排查隐患300处，整治隐患300处，罚款11000元。

市应急管理局统一聘请安监第三方专家及那曲市各区县应急管理局人员组成危化品、工贸行业、烟花爆竹领域“会诊”团队，在尼玛县全县范围内进行检查指导工作，对尼玛县4家危化品经营企业、2家工贸行业安全生产工作进行了系统全面的“会诊”，共排查安全隐患97处，跟踪督办企业6家、停业整顿2家、停工1家。2019全年，尼玛县安全生产各领域共出动执法254次，共查出隐患873处、整改隐患850处、整改率97%，下发整改通知书30余份，停业整顿7家，行政处罚13万元，处罚意见书1份、处罚决定书2份。

【培训及演练】 尼玛县应急管理局针对各乡镇散装油料销售点从业人员调换快、能力弱等问题，联合公安、消防、中石油加油站等部门对尼玛县41个散装油料销售点从业人员开展1次全面的安全知识技能培训，主要就油料审批程序、运输、储存、经营、应急演练和灭火器正确操作使用等安全知识进行系统培训。全县41个散装油料销售点从业人员安全意识明显提高，从业水平和处突能力明显提升，能正确使用灭火设备，妥善处理突发事故。年度培训共参训41人，发证41张，发放防静电服40套。5月，县中石油加油站、顺达加油站、昆仑加油站、华电西藏能源有限公司及富氧苑按照主管部门要求，结合6月宣传月先后开展应急演练活动。演练活动中，全体员工各司其职、紧密协同、配合默契、处置果断，以最快的速度控制现场。全年共开展消防演练10次，参演参与人员60余人。

6月13日，中石油尼玛县加油站开展消防安全演练活动

【宣传教育】 强化安全生产宣传，提高广大群众意识。根据上级应急管理局和县委、县政府工作要求，尼玛县应急管理局积极组织参加全国教育日、“5·12”防灾减灾和6月安全生产宣传月等各类宣传教育活动。全年共开展安全生产和宣传活动6次，发放宣传资料2400余份，接受群众咨询50余次，悬挂横幅30余条，企业学习教育30天。

【摸排统计】 尼玛县应急管理局牵头对各乡镇非法营运车辆、未年检车辆、无证无牌车辆、报废车辆等进行摸底排查。此次摸底排查14个乡（镇）机动车辆共9806余辆，其中“黑车”117辆、无证驾驶1023人、证照不齐608人、未年检车辆418辆、报废车辆237辆、非法营运车辆237辆；摩托车辆共2306辆，其中无牌照18辆；农用车辆共98辆、拖拉机305辆、三轮车79辆、电瓶车69辆。

【治理安全隐患】 为切实做好尼玛县安全生产执法工作常态化，按照10月23日那曲市安全生产调度会议精神，结合县委、县政府主要领导任务安排，针对危险化学品（汽柴油、液化气、氧气、学校实验药品），道路交通（国道317线、县城主干街道、乡村道路、车辆及驾驶员），食品药品（餐饮单位、药店），人员密集场所（网吧、KTV、敬老院），特种设备单位（热源厂），工商贸（宾馆、酒店），施工企业（道路、建筑、水利、勘察勘探施工）等开展为期 5 天的综合执法检查活动。共查出安全隐患 26 处，整改隐患 18 处，限期整改 8 处，下发整改通知书 6 份、安全生产督办书 1 份。

【应急管理局 2019 年负责人名录】

局长：胡腾龙（2019 年 11 月任职）

副局长：久旦次仁（藏）

消 防

【概况】 2019 年，尼玛县消防救援大队按照支队党委的统一安排部署，深入贯彻落实习近平总书记系列重要讲话精神，不断强化党组织建设，从改进作风入手，提升队伍建设管理水平。结合尼玛县实际，合理安排训练演练，不断提升大队整体战斗力。全面落实《2019 年消防工作目标责任书》内容，全面贯彻《中华人民共和国消防法》，开展各类场所专项“安全大检查”及冬春、夏季火灾防控等专项整治活动。2019 年，尼玛县共发生火灾 2 起，抢险救援 2 起，社会救助 2 起。

【落实消防责任制】 为贯彻“预防为主，防消结合”的消防工作方针。落实逐级消防安全责任制和岗位消防安全责任制，明确各级、各岗位的消防安全负责人的责任。2019 年大队与各乡镇及政府有关部门单位签订消防安全目标责任书共 33 份。

【消防监督执法】 2019 年，共检查单位 657 家，发现火灾隐患 480 处，落实整改 474 处，下发责令改正通知书 489 份，下发行政处罚决定书 18 份，罚款 3.36 万元。

【消防宣传教育】 大队以消防宣传“九进”活动即进学校、进社区、进寺庙、进企业、进单位、进机关、进农村、进家庭、进网站宣贯为主线，贯彻尼玛县行业部门消防安全培训，共组织宣传 50 次。

5 月 13 日，县消防大队工作人员到农贸市场开展联合宣传工作

【消防检查】 按照自治区、那曲市统一部署，联合公安派出所、应急管理局、教体局、市场监督管理局、市政管理局、民宗局、公安局、卫生等部门开展隐患排查，深入开展夏季、冬春火灾防控专项行动，“消防安全大检查”累计开展联合检查 60 余次。

【消防训练】 开展基础体能训练，同时开展消防车辆主要性能掌握及灭火剂供给系统、防护、侦检、救生、破拆、照明、通信等器材装备的操作训练。开展水带铺设、登高、结绳法、救人与自救、现场急救等技术科目训练等，体能技能训练 200 余次。

【其他工作】 大队组织指战员开展重点单位实战化训练演练 80 余次，出警拉练 15 次。开展义务清扫街道 30 余次。开展扶贫慰问 2 次，慰问金累计 2000 余元。

【消防大队 2019 年负责人名录】

大队长：益西多吉（藏）

政协尼玛县委员会

重要会议

【政协尼玛县委员会第六届四次会议】 2019年4月8日至12日，召开政协尼玛县委员会第六届第四次会议。

【理论学习】 2019年政协班子始终坚持把思想政治建设放在首要位置，加强政治理论学习，强化大局意识，不断提高政治素质和理论素养。2019年，共组织集中学习27次，其中党组学习13次，政协委员会学习14次。参加县委理论中心组学习会、县级领导讲党课和支部学习会，切实增强“四个意识”，坚定“四个自信”，做到“两个维护”。

【提案建议】 政协尼玛县第六届委员会第四次会议上，委员们共提出提案30件，同比增长40%，经提案审查委员会认真、细致地梳理后采纳27件，其中立案18件，不立案转为意见建议9件，作废3件。

【培训】 2019年4月，尼玛县政协开展2019年政协委员培训活动，由政协副主席多吉朗杰担任讲师。

【精准扶贫】 2019年在结对帮扶活动中共帮扶29240元。2019年政协委员共捐款6200元，对玉珍等20名贫困群众进行慰问。

【文化系列丛书】 2019年初，尼玛县政协安排赴四川成都积极征编“达果雪山丛书”，“古象雄文化系列丛书”文史资料编辑工作进一步取得新的进展。

【政协尼玛县委员会2019年负责人名录】

政协主席：平措达杰（藏）

政协副主席：多吉朗杰（藏）

政协副主席：李才高

政协副主席兼中仓乡党委书记：
琼次仁（藏）

政协副主席：旦增次成（藏）

办公室主任：次　仁（藏）

纪检监察

综 述

【概况】 中共尼玛县纪律检查委员会（简称尼玛县纪委）、尼玛县监察委员会（简称尼玛县监委）施行“两块牌子、两套班子、一套人马”的合署办公模式，根据“两个责任”要求，制定下发《尼玛县党委落实党风廉政建设主体责任清单》《纪委落实党风廉政建设监督责任清单》，进一步分清“两个责任”，明确党委班子“一把手”班子成员及纪委在党风廉政建设和反腐败工作中的责任。在2019年机构改革后及妇联班子换届后，对机构改革转隶人员和新一届妇联班子成员开展任前集体廉政谈话，开展干部提拔任前集体廉政谈话1次，切实打好预防针；在年度干部选拔任用工作中，选派7名纪检监察干部配合县委组织部门开展对干部的选拔任用，切实把好干部选拔任用的政治关、廉洁关、作风关；严格落实干部选拔人员、评先评优纪委廉政意见关，2019年县纪委共开具干部廉政意见207份，涉及583人次，对4名“问题”党员干部提出取消评先评优意见。结合“不忘初心、牢记使命”主题教育，以党支部为单位组织全体党员干部观看《全面从严治党在西藏》《反腐追逃在西藏》《贪欲·黑洞》等违纪违法警示教育片，不断筑牢党员干部的纪律意识。组织开展《党章》《中国共产党纪律处分条例》等党内法规的学习，在尼玛县张贴党风廉政建设宣传海报10余张，利用电子横幅、电子屏等设备制作廉政标语6条。

【监察推向基层】 尼玛县纪委、监委结合自治区、市两级纪委、监委关于推进改革试点工作相关要求，制定《尼玛县监察工作向基层延伸改革试点工作的实施方案》，经县委常委会研究通过后下发至各乡镇及相关改革试点协作配合部门，为改革试点工作提供根本的理论遵循，与县委组织部、各乡（镇）党委沟通协调，选优配强纪检监察干部队伍，按照区、市纪委人员配置相关要求，确定乡镇派出监察室主任、副主任及监察员人员名单，并在县委常委会会议上研究通过纪委副书记（监察室副主任）名单，在纪委常委会会议上研究通过了纪检专干（监察员）名单。2019年9月各乡镇纪委（监察室）人员已全部配备到位。

【正风肃纪】 元旦、春节、藏历年、清明、五一、端午、中秋、国庆等重要节点组派督导组60余人次，对尼玛县各乡镇、县直各单位开展落实中央八项规定及其实施细则精神、纠正“四风”的监督检查，切实防止“四风”问题反弹回潮。5月9日—24日，县纪委联合财政局组成2个督导组对尼玛县14个乡镇资金及“三公经费”使用、公开情况进行督导检查，不断规范资金管理、使用。开展“三个专项斗争”，制定《尼玛县纪委关于扫黑除恶专项斗争工作实施方案》《尼玛县纪委关于“三个专项斗争”的宣传方案》，建立《尼玛县纪委、扫黑办涉黑涉恶问题线索双向移送机制》，制作尼玛县纪委监委扫黑除恶监督卡1万余张，向县扫黑办移交问题线索7条，共派出4个检查组赴县扫黑办、公安局扫黑办及各乡镇、派出所扫黑办进行督导检查，对县扫黑办13条线索进行梳理。

【执纪审查】 2019年，尼玛县各级纪检监察机关运用监督执纪“四种形态”共处理62人。其中“第一种形态”34人；“第二种形态”26人（党内警告6人，党内严重警告6人，组织处理14人）；“第三种形态”1人；“第四种形态”1人（开除党籍并移送司法机关）。对党员干部开展谈话27人次，诫勉谈话5人次。严格按照《中国共产党纪律检查机关监督执纪工作规则》《中国共产党纪律处分条例》《中华人民共和国监察法》等法规要求进一步规范线索处置，召开线索排查会2次，分析汇总线索处置情况，明确线索处置方式。开展受处分干部的回访工作。2019年，县纪委、监委共向县委常委会提交党员干部涉嫌违纪违法问题线索处理建议8条，与7名被处理干部开展面对面交流，了解掌握被处理干部的思想动态。

3月4日—28日，县委常委、纪委书记、监委主任刘建峰（中）在军仓乡各村（居）项目点开展脱贫攻坚督导调研工作

【廉政教育】 先后利用20次县委理论中心组学习会、支部学习会、警示教育会等形式，组织干部职工及时学习各级纪委查处的典型案例，并及时传达学习警示，推进以案促改。依托“清风羌塘”“清廉尼玛”等微信公众平台，及时发布区、市、县反腐倡廉工作新动态。利用村（居）“两委”班子培训之际，开展《中国共产党纪律处分条例》《中华人民共和国监察法》等党纪法规培训，不断提升村（居）干部廉政意识。结合“不忘初心、牢记使命”主题教育，组织党员干部学习《党章》、《关于新形势下党内政治生活的若干准则》、廉洁自律准则、问责条例、党内监督条例等党内法规，不断提高党员干部的纪律意识。利用县城宣传栏、电子显示屏、宣传海报等，向尼玛县党员干部宣传十九届中纪委三次全会以及中央、自治区、市党委关于全面从严治党的决策部署。

【重要会议】 尼玛县委召开第2次常委会会议专题研究尼玛县党风廉政建设和反腐败工作，明确党风廉政建设和反腐败工作方向。5月9日召开尼玛县纪检监察工作会议，全面总结了2018年党风廉政建设和反腐败工作开展情况，并就2019年的工作作出安排部署。县纪委组织各乡镇纪委召开了第一季度汇报会，听取乡镇纪委第一季度工作开展情况，并通过书面方式了解掌握各乡镇纪委责任落实情况，及时梳理工作成效及存在的问题，明确下一步工作方向；协助县委召开上半年和全年党风廉政建设责任制落实情况汇报会。

【巡察监督】 科学合理地制定《巡察工作方案》，并就巡察期间的内容、对象、方式方法、步骤、巡察组成员组成等各方面提出具体意见，2019年第一轮成立了2个巡察组，第二轮成立了3个巡察组，采取多种形式，提高巡察干部业务能力素质，向纪检、组织、公检法司、信访、审计等部门收集被巡察对象“七个方面”的重点情况，形成部门协同、资源共享。2019年上半年，成立两个巡察组（含交叉巡察组），对卫健委、财政局、水利局、农业农村局、教体局、自然资源局、生态环境局尼玛县分局、交通运输局等8家县直单位开展常规巡察；2019年下半年，成立3个巡察组对县委政法委、县委宣传部、县委统战部、县城市管理和综合执法局、县司法局、县统计局、县应急管理局、县文化和旅游局8家县直单位开展常规巡察。对中央巡视三组反馈问题整改落实不到位的3名乡党政主要负责人、1名乡镇纪委书记、1名县直单位主要负责人进行了约谈，并根据中央巡视三组整改落实考核及督导检查结果，对3个乡镇主要领导、整改责任人等进行诫勉谈话。

【专项治理】 县纪委、监委制定下发《尼玛县直相关职能部门向县纪委监委移送扶贫领域腐败和作风问题线索暂行办法》，与各扶贫职能部门沟通协作，督促各乡镇、各扶贫职能部门以“月报”形式将扶贫领域腐败和作风问题排查处理情况报送至县纪委，规范线索移交管理，不断拓宽线索来源。制定《尼玛县纪委2019年度扶贫领域腐败和作风问题专项督导方案》《尼玛县纪委2019年第一季度督导方案》《尼玛县纪委2019年第二季度督导方案》等相关方案，将扶贫领域作为纪委的监督执纪重点，开展专项督导检查10余次，形成监督常态。召开2次专题汇报会，了解各单位、各乡镇扶贫领域腐败和作风问题专项治理工作推进情况，进一步增强扶贫领域腐败和作风问题专项治理工作的责任意识。编印《尼玛县精准扶贫政策汇编》口袋书，发放至每一名纪检监察干部手中，使纪检监察干部时刻学习扶贫政策。结合尼玛县“两会”，向尼玛县人大代表、政协委员发放《给人大代表、政协委员们的一封信》，向尼玛县人大代表、政协委员宣传扶贫领域腐败和作风问题专项治理工作的重点内容，鼓励人大代表、政协委员参与监督，积极举报发现的问题，不断构建全覆盖的监督体系。根据自治区、市纪委下发的扶贫领域典型案例通报，坚持“举一反三”的原则，组织尼玛县各乡（镇）纪委开展干部利用扶贫政策为商人骗取巨额贷款问题及村集体资金使用情况的自查，着力发现、纠正问题，将腐败问题消除在萌芽状态。2019年，县纪委共6次联合县扶贫、财政等部门、各乡（镇）和县直各单位，开展扶贫领域腐败和作风问题督导工作，发现问题线索5件，其中，立行立改4件，线索1件。严肃执纪问责，2019年县纪委监委共受理扶贫领域问题线索8件，正在初核4件，了结1件（给予诫勉谈话1人），立案2件，给予党纪政务处分1人次，送市纪委审理1件。

【自身建设】 根据《那曲市纪委监委关于进一步强化纪检监察机关落实“三转”工作的通知》，县、乡纪委开展“三转”工作自查自评，认真分析落实“三转”工作中存在的问题和不足，明确改进方向。县纪委向县委提交《关于抽调乡（镇）纪委到县纪委跟班学习请示》，分批次抽调乡（镇）纪委人员到县纪委通过“以案代训”“以干代训”的方式不断提升乡（镇）纪委人员的履职尽责能力，在县委批复后分别组织2批次乡镇纪检专干共8人次到县纪委进行跟案锻炼。根据《关于各区、县纪委组织开展对扶贫领域腐败和作风问题专项治理工作结束之后，对乡（镇）纪委蹲点工作的通知》要求，县纪委及时开展调研工作，对俄久乡、达果乡进行重点督导，并责令俄久乡、达果乡纪委书记作出书面检讨。3月，县纪委派2名班子成员，对尼玛县13个乡（镇）纪委书记开展约谈。根据区党委巡视六组反馈尼玛县乡镇纪委监督乏力的问题，县纪委积极联系县委、县委组织部，对乡镇纪委书记进行调整，2019年，县纪委共对履职不力的2名乡镇纪委书记进行免职处理，1名乡镇纪委书记予以转任，并对5名乡镇纪委书记进行调换，将新提拔的2名优秀干部配备到乡镇纪委书记岗位，不断增强纪检监察干部的整体素质。

【县纪委、监委2019年负责人名录】

县委常委、纪委书记、监委主任：刘建峰

纪委副书记、监委副主任：益西曲珍（藏、女）

纪委副书记、监委副主任：贡秋江村（藏）

纪委常委、监委委员：周晓伟（藏）

法 治

政法委及综治

【概况】 2019年，尼玛县政法战线坚持以平安建设为主线，以人民满意为目标，紧紧围绕“五位一体”总体布局和“四个全面”战略布局，紧紧围绕市政法委和县委、县政府的工作大局，坚持以维护国家政治安全、确保社会大局稳定、促进社会公平正义、保障人民安居乐业为主要任务，构建横向到边、纵向到底，上下联动、目标一致，齐抓共管的政法工作机制。2019年在尼玛县各部门的全力支持配合和全体政法干警的努力下，圆满完成春节、自治区“两会”、藏历新年、全国“两会”、庆祝中华人民共和国成立70周年、十九届四中全会等期间的各项任务目标。

【专项整治】 2019年制定《尼玛县扫黑除恶专项斗争工作方案》《扫黑除恶专项斗争宣传方案》，分阶段召开扫黑除恶专项斗争安排部署会议14次，县委常委会4次，专题推进会5次，对扫黑工作全方位、多层次进行安排部署。按照机构改革的工作要求，配齐配强乡（镇）政法委员、政法专干、“双联户”专干，进一步明确各级相关工作职责，确保各项工作有人抓有人管。制定出台《2019年尼玛县综治（平安建设）工作要点》，对全年平安建设（综治）工作进行详细的安排部署，切实将任务细化到了部门、责任明确到人头。

【综合治理】 组织财政局、自然资源局、住房和城乡建设局、交通局、水利局、税务局和市场监督管理局等排查整治相关行业涉黑涉恶问题73次，从源头上铲除黑恶势力滋生土壤。2019年9月，组织召开尼玛县私搭乱建整治会议，对尼玛县私搭乱建现象进行摸排核实，对违规搭建房屋进行拆除。对娱乐场所监管和整治，确定的娱乐场所治安乱点14个全部整治完成。

【脱贫攻坚】 为推进尼玛县就业扶贫工作开展，打赢精准扶贫攻坚战，彻底完成由“输血式”扶贫向“造血式”扶贫过渡，稳步增加贫困户收入。于8月31日和9月23日分批开展拉萨市曲水县专职护路人员招聘，共解决48名待业青年就业工作。

【党风廉政】 2019年，牢固树立不抓党风廉政建设就是严重失职的意识，进一步强化主体责任，把落实党风廉政建设主体责任作为一项重大政治任务，与政法各项业务工作同研究、同部署、同检查、同落实，切实做到“两手抓、两手都要硬”，使党风廉政建设和反腐败工作取得了新成绩，有力地保障政法各项工作的顺利开展。

【普法宣传】 县政法委为“双联户”户长及联户单位群众进一步了解学习“双联户”、平安建设（综治）、“扫黑除恶”的相关政策，制作5000本宣传手册和日志并及时发放至956个“双联户”

户长。县政法委牵头组织成员单位，积极开展3月、6月、9月宣传活动。各乡（镇）综治办牵头，以入户、集中宣讲方式宣传督导党的十九大精神、“四讲四爱”、“脱贫攻坚”等相关知识，截至年底共宣传206场次、发放资料9000余份；受教育户长956人次，群众8000余人次，覆盖面达100%。

【政法委2019年负责人名录】

县委常委、政法委书记，公安局党委书记、政委：欧　珠（藏）

政法委副书记：格桑旺姆（藏、女）

公　安

【治安工作】 2019年，共立刑事案件数6起，安多县公安局移交尼玛县公安局1起，破获5起，录入刑专系统4起，取保候审4人、提请批捕1人、起诉1人。

2019年开展禁毒宣传130余次，发放宣传资料12000余份，“逢嫌必检”108人次；创建校园禁毒长廊1个、社区戒毒社区康复中心1个、毒品预防教育基地1个。

【户籍管理】 2019年整治清理尼玛县户籍乱象，包括重户、更新户口本、死亡未注销、新生儿未及时上户、遗漏补登、变更等；开相关户籍证明70余份，户口本丢失补办98本，新生儿上户57人、死亡注销13人、所内移居125人、单独立户22家、办理身份证352张、户口迁移45人。

【综合治理】 落实社会治安管理任务各项职责，在尼玛县范围内开展大清查、大整治行动48次；深入村居、人员密集场所、重点场所开展矛盾纠纷排查67次。2019年，治安大队依法、及时、公正查处各类治安案件，妥善处置各类群体性事件，认真履行治安管理职责，积极调解各类矛盾纠纷，大力发扬“枫桥经验”。2019年共查处受理各类治安案件20起。办理赌博案4起；殴打他人案件11起，调解2起，处理9起；盗窃2起；非法入侵他人住宅1起。共处罚38人，其中拘留38人，罚款23人（包含拘留、罚款并处人员）。

【执法建设】 2019年，尼玛县公安局多措并举，建立健全网络安全，在日常开展的执法过程中，严格按照公安机关执法规范细则及西藏自治区公安厅、那曲市公安局的规章制度和规范性文件执行，科学规划和完善公安法规和制度体系。简化户口办理登记、迁移流程，提升群众满意度。将新生儿入户等6项审批事项下放至各乡镇派出所，凡是手续齐全、审核通过者均可在原籍派出所办理相关户籍业务。增设电话预约、短信通知等服务项目，提前向广大群众一次性告知相关业务审批程序，最大限度降低群众办事成本。探索推行“白加黑”“5+2”等措施延时工作模式，即双休日、节假日、上班日均可办理各项业务，让群众即来即办、即办即走，做到群众“只跑一次”。社区民警在开展日常警务工作时，为群众送证上门、送服务上门，并帮助老、弱、病、残等行动不便的特殊群众把简易的户籍业务带回派出所办理。本着“特事特办、急事急办”的原则，对辖区中、高考学生以及情况特殊急需办理相关业务的群众开通“绿色通道”，在政策允许范围内，由民警实行“审、报、批”服务，让群众在最短的时间内一次性办好各项业务。成立尼玛县公安局整治交通违法行为小组，以尼玛县实际路面情况为依托，结合气候条件制定了一系列方案，在日常巡逻的过程中，以建设路与团结路十字路口为中心，向317国道撒网式延伸巡逻，现场民警均佩戴执法记录仪，重点捕捉不文明驾驶行为以及违法性驾驶行为，严查无证、超速行驶、酒后驾车、超员、未系安全带、摩托车未戴头盔等重点违法行为。

【执法监督】 坚持问题导向，针对执法不作为、乱作为、慢作为，有案不受、有案不立、押案不查、人为干预、弄虚作假等严重影响公安机关执法公信力和人民群众满意度的执法问题，严格执行受立案制度改革，落实刑事案件“两统一”工作机制；强化执法办案区管理，按照“四个一律”落实执法办案区管理工作，确保执法办案场所安全、高效运转；完善警综平台接处警制度，对接处警不及时、不按照规定填写的问题，法制科联合局督察大队积极开展网上巡查，对不履行接处警相关制度进行登记备查；建立案卷资料保管制度，确保日常执法办案过程中的案卷资料安全保管，不发生案卷遗失、泄密事件；建立健全执法全流程记录机制，针对执法记录仪使用率、现场证据留存率不高的问题，法制科将按照相关要求，将现场执法影像留存作为案件考评、执法监督的重要内容，进一步指导、规范和督促执法部门做好执法全过程全记录工作。

【案管中心建设】 按照《西藏自治区地（市）、县（区）级公安机关案件管理中心建设指导意见》，尼玛县公安局从统筹兼顾、问题导向、实事求是、管办分离四个方面进行探索，以“警情、案件、财物、场所、卷宗”等基本执法要素为核心，力争通过集中式、集约型、信息化手段进行精细化管理，配套配齐执法办案中心、涉案财物管理中心建设运行，形成系统严密、规范高效的“三位一体”执法监督管理体系。

【扫黑除恶专项斗争】 为有效巩固尼玛县公安局扫黑除恶专项斗争战果，实现精准打击、除恶务尽，确保尼玛县扫黑除恶打出声威，法制科结合案件监督管理职责，对全局刑事案件办理情况逐一审审核梳理，严格把关，对涉黑涉恶类案件进行重点标注，建立涉黑涉恶相关台账，协助尼玛县公安局扫黑办，成功侦破“加老开设赌场案”，同时，严格贯彻落实“两高、两部”关于扫黑除恶工作相关指导意见，确保扫黑除恶专项斗争推进有力。

【脱贫攻坚】 尼玛县公安局组织开展扶贫政策相关文件学习6次，学习扶贫政策知识3次，参加扶贫政策专项考试2次；2019年4月28日尼玛县公安局组织开展结对帮扶慰问活动，将全局88名民警共计5.4万余元扶贫慰问金交给每户扶贫对象，慰问群众108户。2019年8月14日，将85名民警的慰问金56750余元购买糌粑、食用油、大米、面粉、茶砖，发放给帮扶对象。

【廉政建设】 尼玛县公安局以党的十九大为指导，认真开展“不忘初心、牢记使命”主题教育，增强“四个意识”，坚定“四个自信”，做到“两个维护”。切实抓好党风廉政建设工作，把党风廉政建设与业务工作深度融合，同部署、同落实。定期组织全局民警辅警开展“全面加强政治建警，锻造过硬公安队伍”主题活动36次，召开各类节前队伍作风部署会议及节前廉政谈话18次，对党中央、自治区、那曲市下发的各类典型案例学习23次，并撰写相关的心得体会87篇。

【人口管理】 用工单位、行业场所逐一签订《治安管理责任书》。继续推行居住证和出租房屋治安管理责任倒查制度，出租房屋符合安全标准的，与出租房业主签订《治安管理责任书》，对出租房主宣传出租房屋和暂住人口等相关规定，同时提醒租客加强防火、防盗、防诈骗等安全防范意识，开展安全隐患排查整治工作，对出租房屋存在安全隐患或屡发治安问题的，限期整改或取消出租资格。2019年底，尼玛县本地实有人口34488人；治安大队共办理暂住证4857人，男性3261人、女性1596人；经商1020人、务工3837人。

【危爆物品管理】 严把民爆物品购买审批关，坚决防止民爆物品购买环节的管理漏洞；增派专门警力，通过法制宣传、思想教育，无缝隙、零容忍地进行滚动式排查，大力收缴非法危爆物品，努力消除各类安全隐患；对危险爆炸物品从业单位逐一进行检查摸排，全面掌握涉危单位基本情况、人员状况及物品的来源流向和库存情况。落实加油站“一站一警”监督员管理制度，按照“四必查”的工作要求，检查过往车辆，特别是货车，严厉打击货油混装逃避检查等非法行为。

【治安管理】 2019年，在局党委的领导下，治安大队依法履行职责，工作作风不断转变，克服各种困难，充分发挥职能作用。以《中华人民共和国治安管理处罚法》实施为契机，组织干警学习、培训，提高公安机关依法履职的能力；强化治安管理措施，严格依照程序办案，规范干警执法行为。加强枪爆等危险物品动态监督。加大对黄、赌、毒等违法犯罪活动的打击查处力度。

【公安局2019年负责人名录】

县委常委、政法委书记，公安局党委书记、政委：欧　珠（藏）

副县长、尼玛县公安局党委副书记、公安局局长、督察长：苏新华（藏，2019年7月13日任职）

检　察

【概况】 2019年，尼玛县检察院受理公安机关提请审查逮捕案件4件5人，批准逮捕4件5人。受理移送审查起诉案件4件7人（其中1件1人直接起诉），提起公诉1件2人。赴上级检察院汇报案件1次；全年共受理各类刑事案件5件5人，受理提请批捕案件2件2人，经审查后，依法批准逮捕2件2人，批捕率达到100%；受理审查起诉案件3件3人；依法提起公诉2件2人，已作有罪判决2件2人，移送县人大备案2件2人。

【扫黑除恶】 尼玛县院党组为进一步推动“扫黑除恶”专项斗争，充分履行检察职能，切实维护社会治安大局稳定，制定出台《尼玛县人民检察院扫黑除恶专项斗争实施方案》，成立以检察长为组长的扫黑除恶专项斗争领导小组，组织召开扫黑除恶专项斗争工作推进会，认真贯彻落实各级指示精神，强化要求，细化措施，为推动扫黑除恶专项斗争落实到位，召开“三长”联席会1次，利用检察院的微信公众号、“两微一端”、手机等平台推送各类法治宣传材料10余条，同时抽调1名干警到县扫黑办开展工作。

【法律监督】 更新监督理念，增强监督效果，积极顺应“以审判为中心”的诉讼制度改革要求，做细做实派驻公安机关侦查监督检察室工作，加强监督力度，监督公安机关立案7件，发出纠正侦查活动违法通知书1份，提出量刑建议3次，采纳率100%；刑事执行和监管活动监督；推进刑罚执行监督工作，对刑罚执行、监管活动违法行为和尼玛县社区矫正工作进行全面检察监督，前往县司法局进行监督检查2次。推进民事审判程序，审判人员违法和民事执行检察监督两个专项活动，共办理监督审判案件7件，监督执行案件9件。

【未成年人教育】 尼玛县检察院认真贯彻落实普法责任制和检察官以案释法制度，检察长担任辖区2所小学法制副校长聘任工作，带头开展法治讲座4次。落实最高检“一号检察建议”，全面开展校园查访、犯罪预防和自我保护宣传活动，发出口头检察建议2次。同时开展法律进校园、法治进村（居）活动，共宣讲5场次，受益人数240余人，发放宣传材料1800余份。

【检察改革】 全面推进内设机构改革，认真贯彻落实上级检察院、县委关于深化机构改革的决策

3月19日，尼玛县人民检察院在吉瓦乡色来村开展结对帮扶活动

部署要求，科学确定职能配置内设机构和人员编制，及时形成改革草案报送上级审批。同时，发挥“捕诉一体”机制优势，在涉黑涉恶案件办理中组建专业团队一体化办理涉黑涉恶案件，选派骨干检察官提前介入程序化、规范化、实质化引导侦查，加强协调配合，建立完善案件会商、线索快速移送、公检法三部门联席会议等机制，依法推进快捕快诉，确保每一起案件都办成经得起法律和历史检验的“铁案”。

【宣传工作】 坚持把检察文化建设与节日文化活动相结合，围绕“不忘初心、牢记使命”主题教育，以庆祝中华人民共和国成立70周年和西藏民主改革60周年为契机，开展庆“三八”妇女节、庆“七一”系列主题活动等，组织干警参加尼玛县庆祝中华人民共和国成立70周年活动，展现尼玛检察干警的家国情怀和良好风貌。坚持以专业化职业化建设为导向，按照更加“实战、实务、实用”的培训新方式，抓理论学习和业务培训两条主线，统筹线上线下学习培训，组织干警参加各类党性教育培训和检察业务培训18余人次，利用中国检察官教育网络学院、“学习强国”等平台开展学习，并坚持专人负责、每日督促、逐月通报，促进干警受教育、长本领、强党性。

【脱贫攻坚】 尼玛县检察院按照县委，县政府总体安排，结合驻村工作实际，对吉瓦乡3村开展

6月21日，尼玛县人民检察院召开公检法“三长”联席会议

结对帮扶活动。检察院12名干警与吉瓦乡3村共计18户63人结对帮扶，帮扶资金6000余元。通过开展常态化的“结对认亲”活动，逐户制定脱贫对策，精准帮扶，注重从思路上、机制上、根本上解决致贫的关键问题。

【廉政建设】 尼玛县检察院认真学习贯彻《党委（党组）意识形态工作责任制实施办法》《党委（党组）意识形态工作责任制实施细则》《中国共产党廉洁自律准则》《中国共产党纪律处分条例》《中国共产党党内监督条例》等内容，以“政治建检，打造过硬检察队伍”为抓手，不断强化党风廉政建设“两个责任”的落实，结合“六新”干部作风建设活动，严格执行“三重一大”决定，重大项目资金支出均做到集体研究、集体决定、全程监督，共开展廉政教育9次。

【人民检察院2019年负责人名录】

检察院党组书记、检察长：

何玉东（藏）

检察院党组副书记、主任科员：

罗小琴（女）

检察院党组成员、副检察长：

朗桑欧珠（藏）

检察院党组成员、主任科员：

次吉拉姆（藏、女）

检察院侦监科科长：次　卓（藏、女）

法 院

【机构】 尼玛县人民法院设置8个内设机构：行政办公室、立案庭、刑事审判庭、民事审判庭、行政审判庭、审判监督庭、执行局、法警大队。设有3个人民法庭：卓尼人民法庭、阿索人民法庭、文布人民法庭。

【审判执行】 2019年，尼玛县人民法院新收各类案件64件，其中审结民事案件53件、刑事案件4件、执行案件7件，结案率100%。

【司法公开】 2019年，尼玛县人民法院各类案件审判流程公开64件，庭审公开15件，裁判文书公开20件，案件信息公开35件，执行信息公开5件。

【刑事审判】 尼玛县人民法院坚持把维护社会稳定放在审判工作的首位，认真贯彻“宽严相济”的刑事政策，严把案件的事实关、证据关、程序关和适用法律关。积极参与平安建设，提高人民群众安全感，促进完善社会治安防控体系。2019年，尼玛县人民法院受理刑事案件4件，审结4件4人，未结案0件0人。

【陪审员管理】 2019年，尼玛县人民法院按照人民陪审员倍增计划要求，任命人民陪审员共18人，参审普通程序案件数18件，参审率100%。

【司法救助】 2019年，尼玛县人民法院按照规定，申报司法救助，帮助困难申请执行人解决生活困境，共计发放执行救助资金3.87万元。

【援藏工作】 浙江省舟山市中级人民法院、绍兴市中级人民法院对口援助尼玛县人民法院，2019年，绍兴市中级人民法院拨付20万元援藏资金，尼玛县人民法院按照《尼玛县人民法院关于申请援助建设“审判服务保障用房”等基建项目专项资金的报告》的要求，使用到维修审判服务保障用房（干警食堂）等基础建设项目。

【审判建设】 2019年，投入3.54万元采购跨域立案设备，为加快推进两个“一站式”诉讼服务中心信息化平台建设，推动诉讼服务事项跨区域办理，跨层级联动办理，解决好异地诉讼难等问题，努力提供普惠均等、便捷高效、智能精准的公众服务，需采购相关设备。

【案件受理】 尼玛县人民法院加强“立案窗口”建设，完善从接待、咨询到立案的“一站式”服务。2019年，立案登记案件64起（其中民事53起，刑事4起，执行7起）；咨询当事人214余人；减免诉讼费19件，减免金额1.6340万元。

【民事审判】 2019年，尼玛县人民法院共受理各类民事案件53件，审结53件，结案率100%，结案标的额28.0073万元。

【执行工作】 进一步改进执行作风，强化督查指导，规范执行行为。加大执行工作的力度，维护司法权威。确保申请执行人的合法权益得到及时兑现，营造“生效裁判必须履行的”良好氛围，提升执行公信力，维护法律的尊严。2019年，尼玛县人民法院新收执行案件7件，执结完毕7件，执结率为100%。

尼玛县人民法院“车载流动法庭”到阿里日土县进行为期5天的千里执行追欠款办案活动，顺利执结案件3件；开展法律咨询2次，共派出干警15人次。

【脱贫攻坚】 根据县委、县政府的结对帮扶、精准扶贫的总体要求，参与精准扶贫工作，逐户制定脱贫对策，精确帮扶，注重从思路上、

1月18日，县人民法院到县域易地搬迁点宣传法律知识

4月8日，县人民法院流动法庭下乡办案

机制上、根本上解决致贫的关键问题。全面了解掌握涉及尼玛县人民法院帮扶的荣玛乡、卓尼乡贫困户基本情况，开展扶贫活动，帮扶资金 2.7 万元。

【党建工作】 组织干警学习违反中央八项规定的典型案例、学习法官准则、纪律处分条例等文件。将党建工作与以审判为中心的其他工作结合起来，抓好党建促审判，发挥党组、党支部的战斗堡垒作用，建立完善党建工作的长效机制，不断推进党员生活及党员教育活动正常化，做到警钟长鸣。尼玛县人民法院现有干警 18 人，其中党员干警 14 人。尼玛县人民法院党组书记、院长和党支部书记先后分别为尼玛县人民法院干警共上党课 9 次。

【廉政建设】 认真落实党风廉政建设责任制和反腐败斗争的各项部署，坚持将党风廉政建设与审判、执行工作及其他工作一起安排、一起落实。学习贯彻《准则》《条例》，持之以恒落实中央八项规定精神，坚持把纪律和规矩挺在前面。尼玛县人民法院全体干警签订党风廉政责任书，确保不触廉政自律红线。

【荣誉】 2019 年，尼玛县人民法院荣获自治区级文明单位称号。

【人民法院 2019 年负责人名录】

法院党组书记、院长：索朗德吉（藏、女）

法院党组副书记、主任科员：刘芳芳（女）

6 月 4 日，县人民法院开展综治平安宣传周法律宣讲活动

法院党组成员、执行局局长：杨家伟

法院党组成员、立案庭庭长：

白玛拉珍（藏、女）

法院党组成员、副主任科员：

次仁曲桑（藏）

司法行政

【调解工作】 尼玛县共有人民调解委员会 101 个，调解人员 532 人。各村（居）调委会 77 个，乡（镇）调委会 14 个，专业性行业性人民调委会 9 个，尼玛县人民调解指导中心 1 个。形成以各乡（镇）、各村（居）调委会组织为主体，专业性、行业性调解组织相结合的多层次、全方位的调解组织网络体系。2019 年分两次对司法所及局机关工作人员进行法治宣传教育、人民调解、社区矫正、安置帮教等内容的业务知识培训，并组织司法行政工作人员及部分人民调解员代表，参加全国人民调解大讲堂视频培训 5 场次。通过培训，切实提高人民调解员的业务水平，并以定期检查督导人民调委会卷宗、对当事人进行回访等形式，促进协议履行，提高人民调解工作质量，尼玛县调解协议履行率达 95%。2019 年尼玛县各级调委会调解各类矛盾纠纷 18 起，调处成功 18 起，调解成功率 100%。

【安置帮扶】 在及时充实调整县安置帮教工作领导小组成员单位的基础上，成立各乡（镇）、各村（居）组安置帮教小组，严格落实出狱所人员“必接必送”制度，刑满释放人员信息录入率 100%。为服刑人员家庭、社会帮教组织提供“一站式”帮教服务，实现监所教育改造工作社会化、社会帮教工作前端化，帮教率达 100% 。认真贯彻落实《西藏自治区刑满释放人员救助管理工作实施办法》和《关于社会组织参与帮教刑满释放人员工作的实施意见》，加强与监狱、看守所的衔接沟通，落实帮教信息。推进扫黑除恶专项斗争，成立涉黑涉恶线索“大排查、大核查”行动工作领导小组，在社区服刑人员、刑满释放人员中摸排“涉黑”“涉恶”人员。2019年尼玛县共列管刑释解教人员20名，均无重新犯罪等情况。

【普法宣传】 开展“法律八进”活动，深化重点对象学法用法活动。把“法律八进”作为法制宣传的重要载体，持续开展以案释法宣讲活动；严格落实“谁执法谁普法”责任制，制定下发《关于印发尼玛县实行国家机关“谁执法谁普法”普法责任制的实施意见的通知》；重点突出宪法学习宣传教育，开展宪法及国家安全、环境保护等法律法规宣传活动，以3月、6月、9月、“12·4”等宣传日以及各项法律法规颁布实施日为契机，开展系列法治宣传活动，2019年开展系列法治宣传活动180余次，免费发放图书资料、便民联系卡、法律援助指南、《中华人民共和国宪法》等宣传资料4万余份，宣传袋2000余份；建立面向社会公众的官方普法微信公众号及微博各1个，利用尼玛司法微博和微信公众号进行持续法治宣传；针对青少年法律进校园活动，强化学校、家庭、社会“三位一体”的青少年法治教育格局；认真贯彻落实党中央、国务院、自治区、市、县关于开展扫黑除恶专项斗争通知精神和安排部署，增强“四个意识”，强化责任担当，宣传扫黑除恶专项斗争，宣传党和政府打击黑恶势力的坚定决心，壮大扫黑除恶声势，形成强大的打击合力。

【社区矫正】 组织社区矫正工作人员参加各种业务培训、讲座，强化日常专业知识学习，提高综合能力。同时，加强与其他兄弟县区的联系、互通信息、交流经验、取长补短、拓宽工作思路，探索行之有效的新方法，提升社区矫正工作水平。对照掌握的资料，根据社区服刑人员的犯罪原因、犯罪类型、危害程度、悔罪表现、家庭及社会关系等情况分类建档，逐个核实，严格实行“一人一档”制度，做到人人有档案，并将社区矫正工作流程图、职责、制度等上墙明示。落实周报告、月汇报、季考评的管理制度。2019年，对社区服刑人员开展集中训诫教育2次；开展警示教育2次；开展集中公益劳动1次。适时开展心理辅导和法律讲座。明确县、乡（镇）两级社区矫正工作机构的任务和职责，准确无误录入信息，矫正信息录入达100%。

【法律援助】 县司法局结合尼玛县农牧民普遍法律意识淡薄的实际情况，免费为他们提供各项法律援助，免费为其提供代写法律文书等服务。充分利用清欠民工工资法律服务“绿色通道”，依法为复工民工解疑释惑，在服务接待工作中加强对当事人的心理疏导和人文关怀，为潜在的法律援助需求人提供指引性法律信息和法律建议。同时大力加强法律援助的社会宣传，通过节日活动发放宣传材料、设立宣传牌，进一步增强群众的法律援助意识，全年司法局共发放法律援助知识宣传资料2000余份，接待群众法律咨询100人次、各种法律文书、起诉书代写72份。

【律师工作】 完善“一村（居）一法律顾问”工作，实现法律顾问全覆盖。以开展法律援助、参与矛盾纠纷化解、普法宣传教育等方式，引导村民通过正常渠道反映解决诉求。

【脱贫攻坚】 对尼玛县各村（居）实行“一村一法律顾问”政策，组织普法宣讲员进村入户宣传相关法律政策，确保群众知法、懂法、遵法、守法。开通脱贫攻坚法律援助“绿色通道”，对需要帮扶的“脱贫户、低保户、五保户、残疾户、重病户、老人户”等低收入牧民实行法律援助申请不设门槛，直接审批，实现“应援快援”。司法局定期组织对各乡（镇）、村（居）开展矛盾纠纷排查调处，力争小事不出村、大事不出镇、矛盾不上交。

【廉政建设】 司法局加强日常监督检查，深入落实中央八项规定精神，一寸不让纠正“四风”突出问题。研究部署党风廉政建设和反腐败工作，把党风廉政建设责任制作为重要工作来抓，健全完善党风廉政建设责任制。同时，结合工作实际，把党风廉政建设工作内容逐项分解，层层签订目标责任书，明确责任，落实到每位干部职工。组织开展司法行政窗口各项法律咨询服务、案件办理质量等自查自纠活动，将法律援助案件、社区矫正人员管理等作为集中整治清理重点，对发现的问题及时予以纠正，严防“金钱案”“人情案”“关系案”的发生。

【司法局 2019 年负责人名录】

司法局副局长：洛桑扎西（藏）

军　事

人民武装

【概况】 2019 年，尼玛县人民武装部坚持以习近平新时代中国特色社会主义思想为指导，注重打牢基础，确保安全稳定。

【思想政治建设】 2019 年，县人武部组织学习贯彻十九届四中全会、全国“两会”精神，扎实抓好“不忘初心、牢记使命”和“传承红色基因、担当强军重任”两项主题教育的深化学习，努力推进精准扶贫工作，全年共投入 1.8 万元用于贫困户的帮扶工作。教育官兵充分认清全面贯彻落实军委主席负责制的重大意义，不断夯实人武部官兵的思想政治根基。立足实际，大力营造政治文化环境氛围，认真组织开展各类学习教育，组织官兵进行“安全教育”大讨论。努力发挥党组织战斗堡垒作用，全面提升党员队伍履职尽责能力素质，严格落实组织生活制度，不断提高全体党员的政治思想觉悟。

【后勤保障】 严格规范后勤正规化管理，完善经费物资的管理使用，加强请示报告，在实际工作中积累知识、提高后勤干部的业务能力。落实预算安排、党委严格把关、有理有序开支各项经费，确保单位的财务和军需物资使用做到透明。2019 年，对人武部外墙面，室内阳光棚，绿化，干部宿舍水、电、线路等进行了维修和改造。

武警中队

【概况】 2019 年，在支队党委的坚强领导下，尼玛县武警中队紧盯问题抓整改，紧盯短板抓建设。

【政治教育】 2019 年，中队认真抓好主题教育，通过干部授课、培训理论骨干、官兵交流学习经验等方式，运用驻地周边红色文化开展教育，突出发现式、启发式教育。按照“学懂弄通坐实”要求，紧抓习近平新时代中国特色社会主义思想学习教育，采取骨干辅导、讨论交流、政治宣传等形式，抓好官兵理论学习，利用中队媒体，适时开展各类配套活动。

人民团体

工　会

【概况】 2019年，尼玛县工会结合尼玛县实际，加大力度组建村级工会组织，2019年，77个行政村及部分单位（会员人数25人以上）组建工会组织，2019年新组建工会组织84个，新增会员2714人，其中农民工会员2616人。截至2019年11月，尼玛县共有工会组织112个，会员4148人。

【慰问活动】 元旦、春节、藏历新年来临之际，为进一步体现工会组织的作用，让困难职工切实感受到县委、县政府和工会组织的温暖与关爱。1月15日，尼玛县总工会在县富养苑内召开2019年企业困难职工“三大节日慰问”座谈会。对尼玛县51户困难职工进行慰问，向各位企业困难职工发放5.1万元慰问金。2019年，尼玛县总工会在五一劳动节、中秋节、国庆节等节点向全体会员发放慰问品。

【帮扶救助】 尼玛县总工会以3月“学习雷锋”活动为契机，按照上级工会要求结合单位实际，先后2次开展困难职工帮扶救助活动。对45名在档困难职工发放生活救助、医疗救助、助学救助、困难职工低保救助等帮扶救助资金，共计13.95万元。

【帮扶职工】 尼玛县总工会结合实际，利用援藏帮扶资金对尼玛县困难职工、农民工、贫困边缘户、贫困农民工子女大学生等进行开展帮扶救助活动。对困难职工及农民工、临时工、驾驶员等33人开展救助活动，救助资金共9万元。对企业职工及贫困农民工子女大学生进行助学救助，共计114人，发放资金21.55万元。

【精准扶贫】 按照援藏项目资金计划，对尼玛县14个乡镇贫困边缘户进行解困脱困的帮扶救助，

6月1日，县总工会开展“六一”困难职工子女、留守儿童慰问活动

11月4日，县总工会兑现中央帮扶资金

共帮扶101人，帮扶资金共10.45万元。向尼玛县教育局拨付15万元的贫困大学生救助款项。

【“两癌”筛查】 7月15日，尼玛县总工会组织开展县直各单位女职工、女农民工、单亲困难女职工、困难女职工、女环卫工人等243人“两癌”筛查活动。将精准帮扶和普惠服务相结合，加强女职工健康意识、女职工特殊权益宣传教育，切实为女职工办实事做好事，做好尼玛县困难女职工解困脱困工作。

【工会改革】 根据《那曲市总工会改革方案》的通知要求，结合尼玛县工会改革实施细则的相关要求，及时开展相关工作。工会改革任务共有25项内容，已完成21项，未完成4项。

【举办活动】 为进一步增强企业职工安全环保意识，提升安全技能。7月3日，县总工会按照市总工会目标责任书的相关任务和以“落实全员安全责任，促进企业安全发展”为主题的“安康杯”竞赛要求，举办2019年“安康杯”知识竞赛。县粮油公司、贸易公司、供电公司等共82人参加活动。

【劳模推选】 根据那曲市关于推选全国劳模候选人的相关通知要求，县工会及时对各乡镇、各单位下发关于推选全国劳动模范候选人员的通知，在各乡镇各单位推荐全国劳模候选人的基础上，县工会严格审核，按优中选优的原则最终将推选人名单（古曲扎巴）提交给县委常委研究审定。

【主题活动】 8月15日，组织单位党员干部和各机关工会会员开展“我为高原添点绿”活动。

【“八大群体”入会工作】 9月1日，尼玛县总工会举行快递员等“八大群体”集中入会启动仪式。尼玛县总工会工作人员及快递员等“八大群体”职工代表共25人参加启动仪式。

【尼玛县总工会2019年负责人名录】

县总工会主席：扎西拉姆（藏、女）

共青团

【基本情况】 全县共有14个乡镇团委，一个中学团委，两个完小团委，77个村居团支部，全县14—45周岁青年15065人，团员总数1014人，团县委专职团干1名。乡镇团委书记14名，副书记14名，乡镇团委书记全部由乡镇党委副书记兼任，各村团支部书记由村（居）“两委”班子和优秀青年担任。

【组织建设】 尼玛县团委为进一步提升基层团干部业务素质，加强基层团组织规范化建设，按照团市委《基层团组织规范化建设工作的实施方案》部署要求，扎实推进县基层团组织建设，8月2日，县团委召开基层团组织规范化建设工作培训会议。学习基层团组织规范化建设的有关文件，并就团组织规范化建设、发展团员程序、青年大学习、“智慧团建”系统录入管理、缴纳团费、超龄离团仪式、基层团组织整理整顿、非公团建等重点工作进行全面部署。为各乡（镇）开展工作下拨2万元的工作经费。

【队伍建设】 按照群团改革要求，各村（居）和乡镇组织开展换届选举工作，按照换届选举程序选拔书记、副书记、委员等，配齐配强乡镇团委班子成员，并明确职责分工、团的工作目标、管理制度等各项工作。自“智慧团建”系统建设工作启动以来，尼玛县团委按照专人负责、专人管理的原则，严格落实“智慧团建”系统录入工作，认真完善基本信息、基础团务、组织管理的网上管理工作，确保录入数据真实、准确、完善，为管团治团打下坚实基础。

【理论学习】 学习党的十九大精神，同时为全面贯彻团十八大、团十八届二中全会精神和自治区团十届二次全委会精神，尼玛县团委组织各级团组织、广大团干部和团员青年观看十九大专题片，把学习贯彻党的十九大精神作为当前和今后一个时期首要政治任务，与贯彻落实中央关于西藏工作的指导方针和决策部署结合起来，与贯彻落实习近平总书记关于青年工作的重要讲话和重要指示精神结合起来，与推进落实团的工作重点结合起来，切实把思想和行动统一到党的十九大精神上来，为推进跨越式发展和长治久安贡献青春力量。

【道德教育】 尼玛县团委充分利用“七五普法”、六一、“综治宣传日”等契机，广泛开展以青少年思想引导工作为重点的宣传活动，同时，发放《中华人民共和国未成年人保护法》和《中华人民共和国预防未成年人犯罪法》宣传册，针对少年儿童，利用少先队活动课以及儿童节等重要节点，广泛开展主题团日活动，进一步增强少年儿童对党和社会主义的朴素感情。2019 年尼玛县团委以预防和减少青少年违法犯罪的青少年维权工作思路为指导，开展以“关爱青少年，守护学生健康成长”为主题的宣传活动，向中学生发放《预防青少年违法犯罪安全自护图书笔记本》2600 册，引导青少年树立正确的是非观念，养成良好的行为规范。 共计落实资金 4.5 万元。为各乡（镇）开展工作下拨了 1 万元的工作经费，为做好预青工作提供坚实的经费保障。共计落实资金 14 万元。

【文艺活动】 尼玛县团委以重大节庆日为契机，广泛开展丰富多彩的活动，增强青年的业余生活。2019 年 4 月 30 日，纪念五四运动 100 周年大会在人民大会堂举行，委县团组织乡镇、县直、学校团员青年收听收看纪念五四运动 100 周年大会直播。通过观看直播，大家进一步领会习近平总书记的重要讲话，明白五四精神的现代内涵。2019 年为庆祝五一、五四，以“岗位做贡献、青年展风采”为主题，在五四前后，尼玛县各级团组织在广大团员青年中开展丰富多彩的庆祝活动，通过篮球赛、拔河比赛、接力赛方式，吸引广大团员青年积极参与到活动中，营造浓厚的节日氛围，更好地凝聚和调动尼玛县广大团员青年的积极性。

【法制宣传】 为进一步加强青少年法制教育，增强青少年法制观念，提高青少年法律素质，巩固和预防青少年违法犯罪，引导广大青少年用法律保护自己的权益，尼玛县团委结合自身工作，不断加强青少年的法制宣传教育。9 月 6 日，组织县政法委、法院、公安局、教体局等相关成员单位到县中学举行模拟法庭进校园暨“保护合法权益、共筑美好校园”法律宣讲会，此次活动共 400 余名师生参加，宣讲人员 10 人，发放宣传资料 1200 余份。县公安局宣讲员以大家身边密切相关的法律常识为切入点，用生动的语言、贴近实际的案例，讲授《中华人民共和国道路交通安全法》《中华人民共和国未成年人保护法》等法律常识。借助“6·26”国际禁毒日，在人流密集场所集中开展禁毒知识宣传，推进青少年毒品预防教育工作，强化青少年法制、禁毒、反邪教宣传教育。

【关爱行动】 2019 年 7 月 4 日，县团委组织开展关爱贫困留守儿童爱心书包发放仪式。为申亚乡完全小学、吉瓦乡完全小学、军仓乡完全小学发放爱心书包 4325 个。尼玛县团委开展“快递从业青年服务月”慰问活动，团委到尼玛县邮政局向“快递小哥”送上慰问金每人 500 元，共计送去慰问金 1000 元。

【尼玛县共青团 2019 年负责人名录】

团委副书记：德庆白珍（藏、女）

妇　联

【概况】 尼玛县妇联在那曲市妇联精心指导下，紧紧围绕县委、县政府中心工作，坚持以联系妇女、服务妇女、教育妇女、维护妇女儿童合法权益为根本任务，认真履行组织、引导、服务的职责，协调推进“两规”的中期评估验收工作。

【思想教育】 全体妇女党员干部要从讲政治的高

度把学习贯彻落实政治理论作为当前和今后工作的重要内容，进一步增强“四个意识”，坚定“四个自信”，自觉在思想上政治上行动上同以习近平同志为核心的党中央保持高度一致。贯彻落实理论学习中心组学习的重要内容，引导党员干部坐下来读原著、学原文、悟原理。全体妇女党员结合“不忘初心、牢记使命”主题教育，充分利用“支部”“学习强国”等学习平台，准确把握基本内容、基本精神、基本要求。进一步增强推进党的政治建设自觉性坚定性，把政治理论学习贯彻落实融入各级妇联重要业务工作中，全面推动妇联党建工作上新台阶。

【法治教育】 从不同侧面宣传妇女儿童工作，3月8日，尼玛县各级妇联组织开展形式多样的活动纪念三八国际妇女节，宣传党的有关妇女儿童相关政策。三八国际妇女节以“巾帼心向党，助推脱贫攻坚”为主题，组织开展座谈会，对尼玛县妇女儿童工作健康发展营造良好的环境。在法治宣传日、综治宣传月、母亲节、安全生产宣传日期间开展“四讲四爱”主题教育，大力宣传维护妇女儿童合法权益，加强妇女的维权意识。宣传《中华人民共和国婚姻法》《中华人民共和国妇女权益保障法》《中华人民共和国未成年人保护法》等法律法规。让尼玛县妇女群众知法、懂法，积极维护自己的合法权益，开展妇女健康知识讲座及妇女常见病义诊、咨询等工作，共宣传50余次，发放资料3000余份。

【精神文明创建】 尼玛县妇联以建设“和谐文明家庭”为主题，组织广大妇女整治村容、村貌，组织妇女干部群众大力开展“讲和谐、讲文明、讲卫生”，彻底整治脏、乱、差，改善家庭生活环境。继续推进“最美家庭、五好文明家庭、平安家庭”创建评选活动。主动与有关单位配合加强对“平安家庭”创建活动进行检查指导，引导广大妇女以德治家、平安保家、勤俭持家。

【帮扶慰问】 以自愿的方式累计捐款13000多元，捐牛粪452袋、绵羊16只，以实际行动为贫困户献爱心。各级党委政府、妇联、驻村队开展慰问活动11场次，送去慰问金达45000多元。在中国海南石油公司的大力帮助下，尼玛县69名大病妇女儿童和重度残疾儿童在医疗救助、生活急救等方面申请救助，救助金额达到50万元，2019年12月底落实。2019年对12名妇女进一步检查给予生活救助4500元，实行救助全覆盖。

【妇联2019年负责人名录】

妇联主席：德吉卓玛（藏、女）

经济管理

发展改革工作

【概况】 2019年，尼玛县生产总值90805万元，增速7.40%。其中一产增加值14634万元，增速5.30%。二产增加值15058万元，增速4.10%（工业增加值388万元，增速89.8%；建筑业增加值14670万元，增速6.40%）。三产增加值61113万元，增速9.60%。

【工业信息】 尼玛县民族手工业注册企业（合作组织）3家（尼玛县中仓乡贡玛妇女纺织合作社、尼玛县阿索乡扎欧查翁畜牧业养殖农牧民专业合作社、尼玛县甲谷乡曲米村农牧民经济合作组织）销售收入23.83万元，从业人员21人。电子政务外网延伸工程电子政务外网建设点位共137个，完成碘盐配送167.42吨。

【旅游产业】 尼玛县旅游产业以当惹雍错为中心，启动尼玛县中象雄文化旅游景区建设、尼玛县当惹雍错景区建设等旅游项目，完善旅游配套基础设施建设，规划《尼玛县当惹雍错环湖旅游总体规划》。拍摄完成“藏北明珠、大美尼玛”旅游宣传片。2019年尼玛县旅游接待人数达3.6万人次，同比增长19.44%，实现旅游综合收入1782.38万元，同比增长62.03%。

【商贸经济】 2019年招商引资已完成5858.91万元，完成全年目标任务的23.27%；固定资产已完成4048.27万元，完成全年目标任务的26.8%。新增市场主体354户，注册资金15957.3万元。尼玛县各类主体市场发展到1569户，注册资金60739.93万元。累计有效注册商标6件。2019年，社会消费品零售总额完成26500.28万元，完成年度计划的100%，与上年同比增长17.13%。

【重点项目】 全年续建农村公路27条，项目总投资28.6亿元，公路里程1237.945千米。尼玛县通车里程达到6382.14千米，县乡村公路网络体系基本形成。农村饮水安全巩固提升工程，总投资6734.92万元，建成农村饮水安全巩固提升工程960处，受益人口达2.32万人。总投资4966.43万元，实施尼玛县新城区防洪堤建设项目、申亚乡下嘎荣藏布格玛段山洪治理工程、尼玛县高效节水灌溉工程。市政服务建设项目有效推进。共投资5979.3万元，实施县城易地搬迁附属项目、文明小区市政道路建设项目、县城污水处理厂项目及文育路北侧周转房卫生间改造项目。“三区三州”农村电网升级改造建设项目有序推进，尼玛县15座“厕所革命”建设项目完成投入使用。

【脱贫攻坚】 2019年援藏投资为4000万元，实施扶贫综合体、易地搬迁住宿点配套工程等“交支票”项目13个。其中，扶贫领域资金投入3850万元，援藏资金投入扶贫领域达96.25%。

【“十四五”规划】 “乡村振兴战略规划”“十四五”规划编制工作稳步推进。成立了以县政府主要领导为组长的“乡村振兴战略规划”“十四五”规划编制工作领导小组及工作专班，多次召开专题会议，征求意见，扎实高效开展“两个规划”编制工作，确保“两个规划”编制工作顺利完成。

【简政放权】 农村综合信息网和电子政务建设作为牧业产业化、办公高效化的有力推手，推进“互联网 + 政务服务”工作。完成清产核资和土地确权工作。本次农村土地（耕地）承包经营权确权完成颁证工作 579 户，确权面积完成 1068.66 亩，已通过自治区级验收。推进医改办各项工作任务，完成电价改革工作，财税改革初见成效。

【发改委 2019 年负责人名录】

县发改委副主任：

桑吉卓玛（藏、女，主持工作）

县发改委副主任：刘双杰

经济和信息化

【概况】 2019 年，尼玛县机构改革完成后，尼玛县经济和信息化局已从尼玛县发展和改革委员会划出，成为正科级建制单位。尼玛县经信局主要开展信息化基础设施建设，推广民族手工业发展，全面掌握经信局职责任务，积极开展工业经济、数字经济和信息化建设的运行调度工作，做好全县信息化建设的规划、组织、指导和监管，协调解决信息化建设中的重大问题，切实当好县政府决策的参谋助手。

【农牧民合作社】 尼玛县中仓乡贡玛妇女纺织合作社、尼玛县阿索乡扎欧查翁畜牧业养殖农牧民专业合作社、尼玛县甲谷乡曲米村农牧民经济合作组织销售额 23.83 万元，利润 15.2 万元。

【信息化建设】 尼玛县经信局把农村综合信息网和电子政务建设作为牧业产业化和办公高效化的有力推手，稳步推进工信工作。截至 2019 年底，尼玛县移动、电信、联通共建设基站 180 个，农村信息服务站 14 个，电子政务外网全覆盖。2019 年新建“点到面”共 154 个（县直单位 82 个点面、乡镇 72 个点面）。2019 年新建 22 个基站、4G+3G 覆盖（317 国道尼玛县至阿索乡约 30 千米处 1 座，文布旅游主干道沿线 5 座），在贫困村新建基站 16 个（其中移动公司 14 个、电信公司 2 个）。宽带网络覆盖县城及 14 个乡镇所在地，其中 2019 年在贫困村居新增 32 个点，已全部开通使用。

【配送碘盐】 根据《那曲市推行碘盐供应分配目标责任书》要求，由那曲盐业分公司具体实施，尼玛县经信局积极配合，配送农牧区食用碘盐 167.42 吨，于 2019 年 4 月 11 日配送到位。

【账款清理】 截至 2019 年 12 月底，尼玛县拖欠江西中园建工集团有限公司的 1200 万元尼玛县 3 项工程款已全部清偿完毕。

【非法集资排查】 经信局严格按照区市党委、市政府的部署要求，联合公安、网安等部门，加大对非法集资的宣传教育，积极开展非法集资的排查工作，经排查，尼玛县境内未出现非法集资现象。

【经济和信息化局 2019 年负责人名录】

局　长：翁明军（2019 年 11 月任职）

农牧业

【概况】 截至三季度，根据各乡（镇）上报的数据，2019 年幼畜成活率为 93.47%、死亡率为 1.42%。

【接羔育幼】 全县前三季度接羔育幼中应生 484368 只，已生 383211 只，成活 358179 只，成活率 93.47%，与 2018 年同期相比成活率上升 1.56%。其中牛应生 34639 头，已生 20198 头，成活 19121 头，成活率 94.67%，与 2018 年同比成活率上升 0.81%。绵羊应生 261343 只，已生 219891 只，成活 205801 只，成活率 93.59%，成活率比 2018 年同期上升 1.56%；山羊应生 186799

只，已生142642只，成活132820只，成活率93.11%，成活率比2018年同期上升1.66%。马应生1587匹，已生480匹，成活437匹，成活率91.04%，成活率比2018年同期上升2.64%。

【成畜死亡】 尼玛县前三季度全县年初牲畜存栏共919117头只（匹），前三季度成畜死亡总数为13024头只（匹）；死亡率1.42%，死亡率比2018年同期下降0.23%。其中牛死亡964头；死亡率1.17%；比2018年同期下降0.11%；绵羊死亡6443只；死亡率1.3%，比2018年同期下降0.22%；山羊死亡5546只；死亡率1.65%，比2018年同期下降0.27%。马死亡71匹、死亡率1.49%，比2018年同期下降0.65%。

【农作物播种】 2019年尼玛县农作物播种面积103.05公顷。分别是甲谷乡21.14公顷、达果乡27.03公顷、文布乡44.41公顷、来多乡10.47公顷。其中粮食作物46.61公顷，蔬菜类28.01公顷，其他谷物28.43公顷。农作物总播种产量808.33吨。分别是甲谷乡36.22吨、达果乡161.95吨、文布乡540.16吨、来多乡70吨。其中，粮食作物181.54吨，蔬菜类164.60吨，其他谷物462.19吨。

财税·金融

财 政

【预算收支】 2019年，尼玛县财政收入累计完成2497万元，占市下达任务的71.66%。2019年底，财政一般公共预算支出执行数122451万元。2019年尼玛县“三公经费”年初预算数1110.74万元，“三公经费”支出没有超预算现象。

【“八大支出”】 尼玛县财政全年重点支出共48859万元，占总支出的39.9%。其中一般公共服务支出17515万元、公共安全支出4278万元、教育支出14789万元、社会保障和就业支出2231万元、医疗卫生支出为5482万元、环境保护支出1535万元、城乡社区事务支出3029万元。尼玛县共到位脱贫攻坚整合资金19270.36万元，其中产业项目资金到位9358.83万元；易地搬迁建设补助资金2600.8万元；易地搬迁贷款“两项”补贴资金929.14万元，贷款贴息资金660.86万元；农牧民技能培训资金60万元；生态岗位补助资金3889.55万元；脱贫攻坚成效考核奖励资金200万元；农村小型基础设施农村公路项目资金103.49万元；危房改造资金272.33万元；2019年农村饮水安全巩固提升投入1195.36万元，其中县级配套资金302.5万元。2019年底，惠民资金累计发放5621.93万元。惠民资金已全部通过“一卡通”发放，学生“三包”资金兑现2129.78万元；住院分娩补助兑现90.35万元；新型合作医疗补助资金兑现426.76万元；农村低保生活补助兑现959.6万元，享受人数4409人；经济困难高龄、失能老人补助资金兑现15.36万元，享受人数256人；村人医兽医补助资金兑现41.4万元，享受人数414人。2019年，畜牧良种补贴资金兑现130万元；一孩双女补助资金兑现39.84万元，享受人数415人；残疾人（重度残疾人）“两项”补贴资金兑现298万元，享受人数1570人；村干部基本报酬资金兑现621.03万元（含业绩考核），城镇低保生活补助资金兑现144.3万元，享受人数229人；五保户生活补助资金兑现104.46万元，享受人数180人；困难人员临时救助资金兑现55.5万元，享受人数193人；城乡医疗救助资金兑现117.3万元，享受人数239人。

【预决算编制】 尼玛县财政局于2019年1月底完成年度预算初稿编制工作，为实现财政资金的“公开、公正、透明”原则，财政局在各预算单位紧密配合下，2019年度预算，通过尼玛县政务网全社会公开，公开单位共58家，公开率达到100%。

【业务培训】 尼玛县财政局根据年初既定的工作目标，2019年1月、3月、11月，召集各乡（镇）财务以及县直各预算单位财务人员进行财政业务培训，全年培训共计8次。

【监督工作】 尼玛县财政局根据年初既定的工作计划，于5月10日开始，由财政局副局长索朗次仁为组长，县卫健委、县纪检监察委员会、县民政局抽调一名工作人员为成员，组成联合专项检查组，对14个乡（镇）财政所进行财务监督检查，主要检查乡（镇）经费使用情况及民生资金兑现情况，对乡、村两级扶贫资金使用情况等进行全面的检查。7月12日，由局长央吉与14个乡（镇）财务人员组成交叉检查组对各乡（镇）进行检查，上半年检查乡（镇）达到100%。

【国库集中支付改革】 2019年是尼玛县县直预算单位全面推行财务独立之年，乡（镇）推行国库集中改革之年，以全面实现所有预算单位"1本预算、1个账套、1本决算"的改革目标，实现尼玛县各单位独立、自主核算，各乡镇国库集中支付改革工作有序推进。推行国库集中支付改革，网络环境是必不可少的条件，因此2019年尼玛县财政局将网络信息建设和排查处理工作放在重要位置，安排专人负责，4月初尼玛县财政局联合县电信局对14个乡（镇）财务专用网络进行排查处理工作，网络已正常运行。

【乡（镇）财政建设】 严格按照市委、市政府印发的《关于推进乡镇财政所规范化建设的意见》要求，持续加大乡（镇）财政所规范化建设推进力度，2019年已完成50%以上的乡财政所规范化建设任务。2019年4月22日以召开财政工作会议为契机，专门组织13个乡主要领导参观学习尼玛镇财政所示范点。

【惠民帐篷发放】 1月18日至3月27日，历时2个多月的时间，市级调拨尼玛县的17车1728顶惠民帐篷的卸车、存放、验收、发放等工作，已全部完毕。

【财政局2019年负责人名录】

局　长：央　吉（藏、女）

副局长：索朗次仁（藏）

副局长：尼玛卓嘎（藏、女）

税　务

【概况】 截至2019年12月31日，尼玛县税务局已完成组织收入4418.79万元，较2018年减少220.65万元，县区级收入减少191.01万元；其中税收收入4242.39万元，增值税收入3573.19万元，企业所得税309.29万元，个人所得税71.57万元，资源税2.04万元，城市维护建设税239.25万元，印花税29.81万元，车辆购置税3.2万元，环境保护税13.92万元，教育费附加102.08万元，地方教育附加68.05万元，税务部门罚没收入6.25万元，2019年社会保险费收入2336.38万元。

【廉政】 2019年，开展警示教育活动7次，实施干部谈心谈话10人次。通过"一对一""面对面"的交心谈心，查找在税收执法、队伍建设、党风廉政建设、机构改革等工作中存在的不足和建议，督促干部认真履职，加强监督管理，增强廉政谈话的整体效果。

【减税】 税务局组织局内干部学习减税降费政策，确保在征纳工作中将减税降费工作落到实处。税务局紧密结合本县特点和地域特色，组织当地农牧民合作社负责人开展减税降费宣传辅导课，面对面进行政策解读，确保纳税人对各项政策"听得懂、理得顺、吃得透、用得好"，并发放"汉藏双语"宣传材料近400份。

【社保及非税收】 尼玛县税务局贯彻《关于做好

8月12日，县税务局工作人员入户宣传税费政策

2019年城乡居民基本养老保险经办工作的紧急通知》文件精神，尼玛县税务局第一时间将文件精神向县主要领导进行汇报，主动与各乡（镇）镇领导对接，听取社保专干人员2019年度城乡居民基本养老保险费征收工作开展情况，不断加强征管力度，提高征管工作质效，并积极取得与县发改委、县财政局、县交通局等相关部门的沟通、协作，确保税款的及时足额入库。

【税务局2019年负责人名录】

副局长：李　永

纪检委员：益西旺姆（藏、女）

金　融

【机构】 中国农业银行尼玛县支行辖6个营业网点，其中1个县支行营业室、5个乡（镇）营业所。尼玛县农行现有38名在职员工。

【业务】 2019年，农行尼玛县支行各项存款余额97539万元，其中对公存款余额70164万元。个人核心存款余额27375万元，各项贷款余额44658万元。其中涉农贷款32974万元，个人消费贷款11402万元，精准扶贫贷款4804万元，惠农e贷发放贷款2563万元。公司贷款1054万元，交通贷款9428万元。

【“三农”金融服务】 2019年，加大政策引导和宣传力度，采用集中培训、大巡讲、发放宣传手册等方式扩大农牧民对精准扶贫贷款政策的了解度，培养广大农牧民诚信意识，规范用款行为。为全面贯彻落实总行分行互联网金融服务“三农”工作部署，确保互联网金融服务“三农”“一号工程”顺利实施，全面提升服务“三农”的效率和水平，全面开展“一号工程”各项工作，全面推进“物理网点+自助银行+三农金融服务点+互联网金融平台+流动金融服务”五位一体的服务体系，持续加大“三农金融服务点”互联网化升级改造力度。截至2019年底，助农服务点有84个，“三农金融服务点”实现行政村全覆盖，并全部开通静态聚合码支付业务。持续开展“3+2+N”流动服务，即实行3天坐班服务，2天外出开展流动服务，为农牧民送温暖、送政策、送技术、送项目、送产品等，实现金融扶贫政策宣传全覆盖，打通农牧区基础金融服务“最后一千米”。加大“三农金融服务点”布放和互联网化升级改造力度，“三农金融服务点”POS机70户。其中智能POS机49户，智能支付通POS机31户。截至12月底，已累计进行流动金融服务达45次，出动人数250人次，总行程达3500多千米，提供用于贷款发放及支付存款等方面的资金达8500多万元。以乡村振兴战略为引领，扎实推进互联网金融服务。积极开展掌上银行村建设，截至2019年12月，农行尼玛县支行已有77个行政村建立掌上银行村，实现全覆盖，让更多的农牧民客户“用农行的App，扫农行的码、贷农行的款、享受农行的现代化线上综合金融服务”。成功打造文布南村为首个“西藏分行移动支付智慧乡村示范点”。

【中国农业银行股份有限公司尼玛县支行2019年负责人名录】

行　长：增　拉（藏，2019年10月离任）

行　长：洛桑顿珠（藏，2019年10月任）

副行长、纪检委员：彭措扎西（藏）

副行长：多吉次旺（藏）

文化·旅游·气象·传媒

文　化

【公共文化】 2019年，尼玛县逐步建成县综合文化活动中心1个、各乡（镇）文化站14个、村文化活动室77个、新华书店1个、“牧家书屋”77个、“寺庙书屋”11个、县民俗展览馆1个、县免费开放健身房1个，初步形成县域公共文化服务网络。尼玛县拥有自治区级文物保护单位12个，县级文物保护单位31个。

【文艺演出】 2019年尼玛县艺术团共演出61场，14个乡文艺演出队演出171场，77个村文艺演出队演出465场，满足广大人民群众日益增长的文化生活需求。尼玛县文化局结合2019年全面实现脱贫奔小康工作，组织“3·28”西藏民主改革60周年庆祝活动、五下乡送文艺活动、送文艺进敬老院等系列文化演出活动。9月25日成功举办尼玛县庆祝新中国成立70周年大型文艺演出，参加中央举办的“心连心”文艺演出活动，参加自治区脱贫攻坚专题小品演出，新创《羌塘之宝》节目深获广大群众喜爱，积极参加市格萨尔赛马艺术节，取得开幕式优秀组织奖，民间文艺调研二等奖，优秀编导奖，旅游民俗帐篷二等奖，民间歌手一等奖等优异成绩。

【非遗保护】 尼玛县共有自治区级非物质文化遗产4个，县级非物质文化遗产8个。为有效保护非物质文化遗产，促进传承活动的开展，2019年，尼玛县文化局向市局积极申报中仓乡格萨尔说唱传承人申报工作，制作文本申报材料和视频申报材料，并且在3月综治宣传月、五下乡活动、6月平安周、“9·16”平安宣传日中积极宣传保护非物质文化遗产活动，共发放宣传单700余份。

【市场监督】 2019年，尼玛县文化局严格实行安全生产“一票否决制”，同时密切沟通协调文化执法大队、公安、工商、消防等部门对县城内的KTV、朗玛厅、网吧、音像制品销售店、打字复印店等场所开展联合检查工作。2019年，尼玛县文化局共组织联合执法检查35次，出动159余人次，对象雄音乐会所作出停业整改15天处理，并与各场所签订目标管理责任书和禁毒责任书。

【督导检查】 尼玛县及时调整充实尼玛县2019年文物保护工作领导小组，制定《尼玛县2019年文物保护工作方案》《尼玛县文物建筑电气安全检测评估工作方案》等文件，2月，尼玛县文化局对各乡（镇）寺管会发放《尼玛县各寺庙每日用火用电情况登记表》，签订《文物保护安全责任书》，切实明确文物消防安全责任和任务。制定《尼玛县文物消防安全机制》《尼玛县区保野外文物看护人员职责》《寺庙文物安全职责》等各类长效机制。3月，由尼玛县文化局联合县供电公司、县消防大队对尼玛县文物保护单位进行电气联合检查。5月，由主管县长带队，组织文旅、消防、统战、财政等部门深入各文物点实地督导检查文物消防安全工作。9月17日，由尼玛县文化局协同消防部门对尼玛县境内自治区级文物点实地督导检查文物消防安全工作。11月22日至24日，市人大文物保护督导组赴尼玛县督查检查工作，拟将尼玛县作为全市文物保护示范县。

【文物项目】 购置6座寺庙文物保险柜，2座寺庙微型消防站设备项目，项目投资8万元，截至2019年底已完工并通过验收。玉彭寺文物安全项目，项目投资8万元，实施微型消防站、文物壁画封框保护、电线线路改造建设，已通过验收。

【文化产业】 尼玛县市级文化产业示范基地3个，尼玛县委、县政府高度重视文化和旅游产业发展，为加快特色文化产业示范基地（园区）建设，做大做强骨干文化企业，培育区域经济新的增长点。尼玛县文化局对吉瓦乡奋兴伍仟米农牧民专业合作经济组织、申亚乡牧民联营专业经济合作组织、申亚乡噶青村农牧民专业合作社、来多乡多巴仓农牧民专业合作社、阿索乡卡瓦热瓦糌粑加工销售店等企业进行调研，将发展潜力大、有传承价值、规模适度的来多乡多巴仓农牧民专业合作社、阿索乡卡瓦热瓦糌粑加工销售店两家小微企业确定为尼玛县第二批文化产业示范基地（园区），并组织两家小微企业申报那曲市第二批文化产业示范基地（园区）。纳仓达果藏药、来多乡多巴仓农牧民专业合作社赴浙江参加西藏那曲农牧产品暨文化旅游推介会，参展2019年浙江省农博会。达果藏药产品“护肝醒酒散”荣获那曲市第一届创新创业大赛第二名，来多乡多巴仓农牧民专业合作社产品“西藏天然盐牙膏”入围“西藏礼物”区旅游发展厅西藏文创官方认证产品，并荣获首届“藏北惠创”创新创业大赛第二名等荣誉。

旅　游

【概况】 尼玛县地处西藏自治区北部，那曲市西北部，东邻班戈县、申扎县，南靠昂仁、谢通门县，西连改则、措勤县，北接新疆维吾尔自治区。县城所在地距那曲市580千米，距拉萨市720千米，国道317线贯穿尼玛县全境。县域内有中象雄文化典型地域标志神山达果雪山，国家级湿地保护公园当惹雍错，古象雄部落琼宗遗址，象雄时期古石屋31间，还有中象雄古城遗址、众多的苯教文化和寺庙加林岩画以及墓葬等。尼玛县文布南村在2014年被列入中国传统村落名录，文布寺被列为自治区级文物保护单位。

【项目建设】 文布乡南村富民工程，项目投资100万元，已完工，待验收；那曲市尼玛县中象雄文化旅游景区建设，项目投资1000万元；那曲市尼玛县当惹雍错景区建设，项目投资1000万元。

【旅游规划】 尼玛县紧紧围绕当惹雍错、达果雪山旅游资源，以旅游规划推动旅游发展，制定编制《西藏那曲尼玛中象雄文物保护和文化旅游发展规划》及《那曲尼玛县文布南村象雄古村落改造和尼玛镇中象雄小镇建设工程概念性规划方案》，以《“三区三州”深度贫困地区旅游公益扶贫规划指南》为契机，积极协调对口援藏企业浙江华清集团，制定编制《尼玛县文布南村旅游扶贫规划》（待评审）；制定《尼玛县中象雄·当惹雍错景区总体规划》的初稿，在评审阶段；委托中煤科工集团重庆设计研究院编制《尼玛县中象雄当惹雍错景区总体规划（2018—2030）》和《尼玛县中象雄当惹雍错景区控制详细规划》，2019年，总规初稿已通过县级评审，待修改完善后送市级评审。

【旅游宣传】 按照尼玛县大力发展精品旅游，加强旅游宣传推介的工作思路，“5·19”旅游宣传日，在县文化广场开展旅游宣传活动，制作横幅

1条，发放宣传单300份。5月在市局的组织下，选派2名干部赴辽宁省沈阳市、丹东市、大连市开展县域旅游宣传推介工作。

【行业管理】 为稳步推进各项旅游安全工作，确保全年旅游安全无事故的目标，同时密切沟通协调文化执法大队、公安、工商、消防等部门对尼玛县的宾馆、酒店、饭店、景点等开展联合检查。2019年，尼玛县文化局共组织联合执法检查15次，出动61余人次，其中文布乡南村（当惹雍错旅游景区）5次，圆满地完成全年安全生产目标，全年未发生旅游安全生产事故。

【考察学习】 2019年6月，尼玛县文旅局组织17名群众赴阿里普兰、札达等地实地考察学习旅游服务产业先进经营管理理念。8月组织1名经合组织带头人赴拉萨、山南考察学习旅游先进经验。9月组织1名家庭旅馆负责人赴浙江参加旅游扶贫培训，进一步加快尼玛县旅游业融合发展。

【文旅局2019年负责人名录】

文旅局局长：玉　珍（藏、女）

文旅局副局长：刘泽东

文旅局副局长：阿　多（藏，2019年3任职）

藏语委办（编译局）

【概况】 2019年，尼玛县编译局攻坚克难，坚持编译工作为党委、政府服务，为尼玛县工作服务，为基层群众服务的原则，积极主动承担县委、县政府及四大班子交办的各项翻译任务，保质保量地完成各类重要文件、领导讲话、会议材料、扶贫政策等的翻译。2019年共翻译各类材料字数达24万余字，完成各类翻译任务。

【社会用字】 尼玛县委、县政府重视藏语文工作和社会用字工作，2019年，县政府重新调整以县长旦巴为组长的尼玛县藏语文工作委员会领导小组和以副县长格桑曲珍为副组长、相关部门负责人为成员的藏语文社会用字检查整改工作领导小组。根据县委、县政府的要求，切合尼玛县实际，制定尼玛县社会用字规范整治工作方案。采取日常检查、突击检查、集中检查、联合督查等方式开展2次社会用字大检查。全年共检查40多家单位和250多家商户门牌，其中错字漏字、比例严重失调、无藏文等存在问题的商户共有11家，因大风吹毁而无挂牌的有商户3家。

【新词术语的学习使用和普及】 尼玛县编译局，整理搜集2019年已审定完的新词术语共200个，并发放到14个乡（镇）和有关单位。

【宣传教育】 尼玛县编译局利用宣传活动时机，把《西藏自治区学习、使用和发展藏语文的规定》和《中华人民共和国国家通用语言文字法》（“藏汉”双语）共120册，发放到农牧民群众、干部职工、打字复印店员工手中。

【名录汇编】 编译局对尼玛县14个乡镇、77个行政村、寺庙和山川、湖泊、江河、自然保护区、旅游景点以及名胜古迹等藏语名称进行全面收集、整理和核实。按照《那曲地区行署办公室关于印发那曲地区行政区划、寺庙、旅游景点汉藏对照名录编纂工作的通知》要求，尼玛县编译局已利用3年时间，与自治区、市藏语委办（编译局）到实地调研，邀请老干部、知情人士、民俗老学者、老牧民、各村委会主任、宗教界人士等，采取召开座谈会、实地调研和个别走访等方式，对尼玛县行政区划、寺庙、旅游景点、山川湖泊以及名胜古迹等藏语名称进行全面详细地收集、整理和核实。

【编译局2019年负责人名录】

局　长：索朗卓嘎（藏、女）

副局长：德吉卓嘎（藏、女）

气　象

【概况】 尼玛县气象局按照市气象局工作要求，积极履行气象防灾减灾职责和社会管理职能，巩固和加强气象为农服务工作及农村气象防灾减灾体系建设。认真部署、落实防灾减灾的工作预案，认真开展气象灾害隐患排查，制定应对措施。

【气象体系建设】 为切实抓好尼玛县的防灾减灾工作，按照市局要求成立尼玛县气象局防灾减灾指挥部，以县长为指挥部部长，各相关单位负责人为成员小组，明确责任和任务，并下发防灾减灾工作的通知。

【应急管理】 各乡镇根据通知要求制定防灾减灾预案，并制定气象信息发布与传播管理办法。为确保灾害期间的突发事件能够妥善处理安全度灾，尼玛县气象局组织各村进行防灾减灾应急演练，协同相关专业人员对气象探测器材进行检修，确保灾害时能及时接收并传播信息，提醒广大群众注意，提前做好准备。

【基础设施】 气象观测工作是整个气象工作的基础，做好气象设施和气象观测环境保护工作，在原有的2个自动站上，2019年新增12个气象自动站。定时检查各项气象接收器材的安全可行性。同时为确保气象设施无人为损毁，每个自动站指定一名看护员。

【防雷安全】 为进一步做好防雷减灾工作，预防和减少雷击事件发生，保障人民群众生命财产安全，重点检查加油（气）站、液化天然气等易燃易爆场所，协助防雷公司检查防雷安全设施建设情况及防雷装置安全检测情况。

【气象局2019年负责人名录】

江措塔布（藏、主持工作）

文化广播电影电视中心

【概况】 尼玛县文广中心（全称是尼玛县文化广播电影电视中心）隶属尼玛县委宣传部。文广中心主要工作包括新闻宣传、有线数字电视管理及维护、调频广播、农村电影放映等工作，文广中心分为调频广播、尼玛县广播电视台、农村电影放映队三个部分。

【新闻宣传】 尼玛县广播电视台精心组织开展“共产党来苦变甜——纪念西藏民主改革60周年”“脱贫致富奔小康”“庆祝中华人民共和国成立70周年”“不忘初心、牢记使命”等主题宣传报道，创新开展电视传统媒体和新媒体的融合传播，推出一些有思想、有温度、有品质的新闻作品和专栏节目。

【电视新闻】 电视新闻报道围绕县委、县政府的中心工作，截至2019年12月，尼玛县广播电视台共上传新闻260条，其中那曲市广播电视台采用140条，西藏广播电视台采用19条，采用率达到61%。

【创新节目】 2019年尼玛县广播电视台微信公众平台关注受众达8482人，全年共推送图文视频信息2503条。微信公众平台融合传统电视媒体，双向发力，推出每期的《尼玛新闻》《夜听》《羌塘之窗》各类短视频和微视频栏目。

【项目建设】 2019年投资420万元的广电中心业务楼于2019年7月交付并投入使用，投资91万元的信息工程无线数字电视铁塔已经竣工投入使用，投资200万元的广播电视制作能力提升项目，在新广电业务楼安装使用，援藏投资的150万元虚实演播室投入使用。

【电影放映】 农村电影放映全年任务888场，2019年尼玛县8个电影队已经放映888场，完成全年放映任务。

【文化广播电影电视中心2019年负责人名录】

文化广播电影电视中心主任：

达瓦多吉（藏）

文化广播电影电视中心副主任：

李　群（女）

文化广播电影电视中心副主任：

玉　罗（藏、女）

农 业

农业农村

【概况】 2019 年，共有牧业户数 7700 户、32238 人，劳动力 19528 人。拥有天然草原 1.8 亿亩，可利用草原 1.01 亿亩。2019 年末，牲畜存栏 103.48 万（头、只、匹）。

【防灾减灾】 截至 2019 年底，全县共储备各类饲草料 4454.19 吨，燃料 462.29 万袋、户均储备 595 袋，粮食 539.41 万公斤、人均储备 168.9 公斤。全县储备兽药 6451 份（盒、箱），价值 56.99 万元，人药储备 481 种，价值 47.62 万元。2019 年 5 月市里调运 500 吨饲草支出运费 41.16 万元。2019 年农牧业防灾四项资金下拨 354.5 万元。

【畜牧业产业】 2019 年尼玛县肉制品产量 8232 吨，奶制品产量 4870 吨，毛绒制品产量 941 吨。尼玛县原种山羊接羔 238 只，其中杂色 39 只，纯白 199 只，纯白率达到 83%。原种场牵头，2019 年年初在乡镇与村之间推广优化良种白绒山羊 6.82 万只，不断优化牲畜结构。原种场参加配种母羊共有 555 只，其中人工授精母羊 197 只，公羊 32 只，其中选出优质种公羊 20 只。

【兑现惠民政策】 成立农牧民补奖领导小组办公室，14 个乡（镇）调整充实领导小组 112 余人，按照工作要求编写制定各项实施方案 98 个。组织乡（镇）、村（居）两委及驻村工作队宣传草补政策 213 余次。填写明白卡 6246 册，录入 6246 户信息。兑现年度各项草补资金 15150.16 万元，其中禁牧和草畜平衡限高资金 14874.76 万元，天然草原监督员补助 275.4 万元。

【新型经营主体】 除俄久乡、军仓乡、中仓乡、卓瓦乡无经营场所外，其余 10 家合作社均有相对固定的经营场所。除军仓乡、荣玛乡、尼玛镇、申亚乡、卓尼乡外，其余 9 家合作社均有生产基地。77 家“一村一合”共投资 3850 万元，53 家合作社未使用资金 1421.52 万元，其余都已使用完。45 家合作社无经营场所，59 家合作社无生产基地。

【畜种结构调整】 2019 年，在乡与乡、村与村之间推广优良白绒山羊 4503 只、紫绒山羊 677 只、藏系绵羊 9465 只、牦牛 383 头，不断优化种畜结构。

【基础设施】 截至 2019 年底，已完成新一轮的“十四五”项目规划申报，申报新建项目共计 33 项，计划投资金额 6.21 亿元。高标准农田建设项目已完成初步设计。续建项目进入收尾阶段，绒山羊养殖基地和藏系绵羊养殖基地甲谷乡标段已完成县级初验。尼玛县级重大动物疫情应急物资储备库及冷链设施建设项目和尼玛县农产品质检站项目已完成设备采购工作。

【集体产权改革】 全县 77 个行政村全部完成农村集体清产核资结果确认工作，初步清理核实集体资产，经营性资产总额 7.85 万元，非经营性资产总额1110.84万元，集体农用地总面积0.1万亩。组织工作人员下乡实地督导查看2019年清产核资工作，要求驻村工作队宣传产权制度改革相关知识。按照《农村土地（耕地）承包经营权确权登记颁证工作实施方案》的要求，对4个乡、6个村（居）、552户、1056.33亩耕地进行确权，确权率达100%，确权颁证工作通过自治区级验收，完成证书颁发和合同签订工作。

【动物疫病防控】 农业农村局及农牧科技服务站以“预防为主，防重于治”和“防、检、治、养”相结合的原则，开展动物疫病防控工作，调运1797万箱疫苗和各种驱虫药，77个村（居），牲畜2019年死亡数为1.3万头（只、匹），死亡率控制在1.42%以内；已生幼畜38.32万头（只、匹），成活35.82万头（只、匹），成活率保持在93.47%以上，并做好免疫记录等工作。

【包虫病防治】 截至2019年底，全县家养犬驱虫累计3.42万次，犬粪无害化处理11.28万份，家畜病变内脏处理103份，犬驱虫率、犬粪无害化率100%，病变脏器无害化处理率达到100%。县、乡动物包虫病综合防治培训和宣传69次，参与宣传培训182人次，发放相关知识宣传册1230册（张）。

【监督检查】 借助法制宣传日和牧区科技五下乡等时机，对群众大力宣传新《中华人民共和国动物防疫法》，《中华人民共和国农产品质量安全法》和农畜产品相关知识和行业法律。联合相关执法单位，在县城动物产品销售点和动物产品经营门户进行定期动物检疫检查工作23次，出动执法人员63人。

【春耕播种】 2019年尼玛县播种粮食（青稞）0.16万亩（其中藏青2000号0.08万亩），蔬菜0.039亩，青饲料0.023万亩，共计种植0.22万亩。

【申报“三农”补短板项目】 2019年调整充实“三农”领导小组，召开尼玛县2019年度第1次“三农”工作会议，安排部署全年工作任务。2019年4月开展科技服务下乡100天活动，摸清“三农”领域突出短板。按照《农业农村部办公厅关于做好“三农”领域补短板项目库建设工作的通知》的要求，申报“三农”补短板项目8项，总投资12991万元。

【农业农村局2019年负责人名录】

局　长：苏　雷

副局长：白玛罗布（藏）

水　利

【概况】 2019年，水利工程项目建设主要涉及农村饮水安全巩固提升工程、山洪治理工程、防洪堤建设工程等项目。尼玛县农村饮水安全巩固提升工程，项目总投资6734.92万元，新建供水工程960处。尼玛县新城区防洪堤建设项目，总投资1866.64万元，新建防洪堤总长4253米，新建下河梯8座，排雨管涵3座。尼玛县申亚乡下嘎荣藏布格玛段山洪治理工程，该项目总投资853万元，综合治理河道长4842.68米。

【工程监督】 加大水利建设质量管理力度，完善水利建设质量监督机构，在自治区、市有关单位的监督指导下，尼玛县水利局在水利工程建设中严格按照《水利工程质量管理规定、建设工程质量管理条例》执行，落实相关规定的各项要求，在水利工程建设中大力实施以质取胜的战略，创新质量工作机制，强化质量安全监管。为进一步完善“项目法人负责、监理单位控制、施工单位保证、政府部门监督”的质量安全管理体系，尼玛县水利局成立相关项目建设领导小组，负责本县内水利工程的质量与安全监督工作，对质量监督的每一项工程制定项目质量监督计划，并不定期对监督项目进行质量监督巡回检查，下发整改通知，并要求整改及回复。在进行项目分部、单位工程质量评定核备和核定工作时对项目的各参建单位所有资料进行反复查阅核实，经修改补充完善才给予办理。

【质量监管】 认真贯彻执行水利建设质量规章制度及技术标准，强化水利工程建设事前、事中、事后质量安全监管。要求施工单位在工程建设质量中严格按照有关规定执行，严把质量关。根据上级部门的各项发展纲要制定实施方案，积极开展汛前、汛中安全生产检查、农村饮水安全检查、水库蓄水安全检查、在建工程项目进展及建设管理等方面检查。在检查中对发现的问题及时反馈并明确整改内容、时限。水利工程竣工验收工作是水利工程建设管理的重要环节，也是水利基本建设程序的重要环节，是全面考核基本建设成果、检验设计和工程质量的重要步骤。为切实推进尼玛县水利工程建设项目验收工作，尼玛县水利局明确责任细化任务。开展安全生产大检查，及时排查安全隐患。为切实加强水利重点工程和重要水利设施安全生产专项整治活动及监管力度，尼玛县水利局对行业重点工程和重要水利设施安全生产、尼玛县在建水利工程、病险水库除险加固、农村饮水工程、水源地等进行尼玛县水利系统安全生产大检查、专项督查整治活动，检查后及时下发通报要求整改。通过检查，使各有关单位认识到安全隐患排查治理工作的重要性，进一步加大对危险源的监控力度、防洪预警系统的监测力度。

【水资源管理】 尼玛县委县政府高度重视，深入贯彻党的十九大精神和习近平总书记“节水优先、空间均衡、系统治理、两手发力”十六字治水新思路，坚决贯彻实行最严格水资源管理制度，推进县区水政工作规范化。完善最严格水资源管理制度和“三条红线”指标体系，在县城驻地试行《水资源管理及水资源费征收办法》，推动水资源利用和管理体制改革。水功能区监督管理，开始着手开展江河湖泊划界确权工作，为限制入河湖污染物排放打好基础。统筹推进水资源管理能力建设，指定专职人员负责水资源管理工作，加强自主学习，并协调参加水资源管理相关培训。加强水资源节约保护宣传教育，大力提高干部职工和牧区群众水资源节约保护意识。尼玛县实行最严格水资源管理制度成效初显，“三条红线”得到有效落实，水资源管理工作逐渐打开局面。

【防汛抗旱】 尼玛县总体雨量极少，根据各乡（镇）反馈的情况，降雨和降雪没有造成洪涝等各类灾害。尼玛县坚决贯彻落实防汛抗旱工作行政首长负责制，防汛抗旱指挥部与各乡镇及县水电站签订《防汛抗旱目标责任书》15 份，各乡镇由乡（镇）长或书记担任具体责任人，并指定专门联络人员。尼玛县防汛抗旱办公室对防汛抗旱仓库储备物资进行清点核查，并进行登记造册。尼玛县共有防汛抗旱仓库 2 个，仓库位置合理，消防和防盗设施齐全。截至 2019 年底储备物资包括铅丝笼 120 捆（902 平方米），彩条布（防水布）60 捆（5700 平方米），编织袋 60 捆（11000 条），十字镐 26 把，基本能满足防汛度汛需要。

【排查情况】 尼玛县当前尚无山洪水雨情监测点及预警设施设备。尼玛县对县城水电站和堤防进行安全度汛隐患排查，发现尼玛县水电站运行情况良好，各项防汛制度、措施、人员落实完善，但也存在水库大坝坝体渗水的问题。尼玛县水利局已经积极协调上级有关部门进行水库坝体勘测并积极争取维修资金，切实保障水库坝体安全和安全度汛工作。

【水土保持】 尼玛县水利局坚持“预防为主，防治结合”的工作方针，依法保护、管理、合理使用水土资源，防止水土流失，切实抓好水土流失综合治理实施工作，认真落实西藏自治区、市下达的各项目标任务。

【廉政建设】 尼玛县水利局把党风廉政教育作为廉政工作的首要任务，认真贯彻落实会议精神。县委召开尼玛县党风廉政建设暨反腐败工作会议后，尼玛县水利局立即召开全局干部职工学习传达中央、县委及尼玛县党风廉政建设和反腐败工作会议精神，并召开专题会议分析研究安排各阶段的党风廉政建设工作。结合实际研究制定尼玛县水利局2019年党风廉政建设暨反腐败工作的安排意见，层层签订党风廉政建设目标责任书和任务分工表，并按各阶段的安排结合业务工作加强监督考核和评议，使会议精神和党风廉政建设各项工作落到实处。规范管理，从自身建设和制度建设上促进廉政建设。尼玛县水利局对各项制度进行全面清理，修订完善《党风廉政建设责任制》《政务公开制度》《财务管理制度》等相关制度，使干部做到心中有准绳，行为有规范。

【河（湖）长制】 2019年为全面了解尼玛县河湖的基本情况，结合加强水资源保护、加强水岸线管理保护、加强水污染防治、加强水环境治理、加强水生态修复、加强执法监管六大工作任务，2019年，尼玛县县级河（湖）长，共计巡河30次，乡镇级河长巡河123次。尼玛县共计设立28名县级河长，124名乡镇级河长，77名村级河长。尼玛县已完成对8条河流、15个湖泊的一河（湖）一策编制工作，并全部归档。扎实推进河长制工作。

【宣传培训】 尼玛县水利局通过发放宣传资料等方式广泛宣传开展“河长制”“湖长制”工作的重要性和必要性，切实增强群众环保意识，激发广大群众参与水环境保护的积极性和责任感，使河道采砂专项治理、河湖沿岸垃圾清理等工作深入人心，家喻户晓。为全面有效地推进尼玛县“河长制”“湖长制”工作，尼玛县积极参与市组织召开的“河长制”工作培训专题会议，并召集各乡镇“河长制”工作人员深入学习培训精神，并对“河长制”工作手册进行宣读。

【清理垃圾】 截至2019年底，尼玛县发动干部职工、群众2000余人，针对湖泊、河流沿岸垃圾，进行清理工作51次。

【水利局2019年负责人名录】

局　长：罗金林（2019年7月离任）

局　长：洛桑尼玛（藏，2019年11月任职）

交通·通信

交通运输

【概况】 2019年，尼玛县开复工农村公路项目29条，项目总投资285999.359万元，建设里程1237.945千米。西藏自治区交通运输厅尼玛县境内实施建设农村公路2条，项目总投资53241.267万元，建设里程179.02千米。西藏那曲市尼玛县卓瓦乡过交村至吉瓦乡鲁康村公路改建工程，尼玛县达果乡鲁玛俄布村至来多乡东赛村公路改建工程，2019年累计完成投资21664万元。那曲市交通运输局尼玛县项目办管辖建设农村公路17条，项目总投资216202.894万元，建设里程984.771千米，2019年，累计完成投资100853万元，其中17条农村公路总计38个施工标段，4个总监办，S209至申亚一标等共计12个标段已完成沥青路面。尼玛县交通运输局建设农村公路10条（8条为续建、2条为新建），项目总投资16555.198万元，建设里程74.154千米。尼玛县计划实施农村公路建设项目12条，建设里程126.8千米，项目总投资25982万元。

【党建】 尼玛县交通局扎实开展学习教育活动，认真学习贯彻党的十九大精神、习近平新时代中国特色社会主义思想和习近平总书记关于扶贫开发工作的重要论述，尼玛县交通运输局基本安排每周一次的学习活动，全年共计开展学习活动44次，且做到学习有记录、有内容。学习活动中，坚持深学真做，学习党章党规，领会习近平总书记讲话精神和治国理政新理念、新思想、新战略，引导干部职工知行合一、学做互进，始终做到政治合格、执行纪律合格、品德合格、发挥作用合格。学习活动中，丰富学习教育方式、内容，政策知识阅读学习、抄写记忆、宣传教育、网上学习，业务工作交流学习、宣讲介绍学习。

【道路监管】 2019年全面落实农村公路“路长制”工作，把管好农村公路摆在更加出突出的位置，分级设立县、乡、村三级路长93人，形成责任明确、协调有序、监管严格、奖惩有力的农村公路管理体系，形成县有路政员、乡有监管员、村有护路员的路产路权保护队伍。建立“县级路长统筹、乡镇路长落实推进、村级路长应急联动”机制，制定路长定期巡察、工作督导、年

2月24日，县交通运输局工作人员在来多乡土那村通村公路上开展除雪保通工作

度考核三项管理制度，对尼玛县公路实行全范围监管，尼玛县农村公路管理步入制度化轨道。尼玛县公安交警大队、应急管理局上报隐患路段信息，尼玛县交通运输局及时组织人员对隐患路段进行清查并制定整改措施，全部整改完毕，共计整改81处。

2019年，县交通运输局开展执法活动110余次，出动执法人员250余人次，检查车辆5600余辆，联合执法检查17次，出动执法人员32余次，共检查车辆2900余辆，查处非法营运车辆5辆，罚款4.1万元。超限超载车辆50余辆，严重超载5辆，罚款2万元，对超限超载较轻车辆人员进行教育并对货物进行分车倒货。

【道路养护】 尼玛县交通运输局按照那曲市交通运输局关于《2019年那曲市农村公路养护管理试点方案》的通知，全面贯彻落实县级人民政府主体责任，组建县交通运输局农村公路养护队，积极争取本级财政资金支持力度。2019年，养护管理农村公路26条，里程901千米，其中县道112千米，乡道328千米，村道里程318千米，专用公路143千米，累计落实养护资金313.8万元；开展抢险保通8次，里程188.8千米，落实资金124.5万元。

【运营】 尼玛县交通局按照《西藏自治区交通运输厅关于2018—2020年新增建制村通客车工作方案》，那曲市交通运输局推进“四好农村路”及农村客运道路运输安全生产工作会议精神，因地制宜抓好尼玛县客运班线落实工作。2019年，尼玛县新增那曲市至尼玛县中仓乡、那曲市至尼玛县来多乡、尼玛县至达果乡、尼玛县至军仓乡和尼玛县至卓瓦乡农村客运班线5条，带动3个乡镇，7个建制村，共计解决4646人出行问题。

【项目监管】 尼玛县交通运输局对10个项目执行质量、进度、安全、环保全方位检查45次，实现监督检查全覆盖。推行行业专项督导、第三方检测、业主交叉检查等举措，全面提升农村公路建设质量整体水平。组织开展“安全生产月”“平安工地”“平安交通”等活动，全面启动交通运输重点领域安全生产专项整治工作。定期开展项目涉稳信访隐患排查，对排查出的信访隐患，登记在册，逐一化解到位。健全信访举报方式，项目宣传栏上全部粘贴信访举报流程，向农民工发放信访举报便民卡。

【精准扶贫】 尼玛县交通运输局以交通项目建设为契机，加大劳务协作力度，助推脱贫攻坚。积极响应《西藏自治区人民政府关于印发进一步加快公路交通运输事业发展优惠政策的通知》文件精神，优先租赁使用农牧民车辆和机械。2019年，租用当地车辆11辆，共计增收50.1万元。按照尼玛县委、县政府关于2019年尼玛县境内实施项目每100万元吸纳1名群众的要求，将吸纳贫困人口的指标分配到各项目，并严格督促施工单位吸纳指标人数，使他们通过劳动脱贫。通过与各乡（镇）人民政府、施工单位协商合作，县法人在建农村公路项目转移就业人数49人次，创收54.381万元。拓宽农牧民群众就近就业参与和服务农村公路养护渠道，共计转移就业人数29人次，创收7.3万元。

【交通运输局2019年负责人名录】

交通运输局局长：张　坤

交通运输局副局长：米玛顿珠（藏）

移动尼玛县分公司

【概况】 2019年，新建12座基站，移动宽带用户近1300多户。2019年移动尼玛县分公司在那曲市公司和县委、县政府的大力支持和帮助下，始终秉承“正德厚生，臻于至善”的核心价值观，致力于业务发展，扎实工作，对内坚持求真务实，埋头苦干的工作作风，强化生产经营管理，对外发扬艰苦奋斗的创业精神，努力开拓市场空间。

【网络运营】2019年，尼玛县电普项目点位共有74个，电普一、二批21个点位，第三批38个点位，电普四批五批15点位。农信网共有9个点位、村通宽带11个点位。电子政务外网点位共有90家，78个基站设备替换工作（替换成24G基站）。

【服务管理】移动尼玛县分公司将网络建设作为发展核心来抓，全年对尼玛县基站进行维护，并新建12个基站，实现网络无缝隙覆盖，使业务发展得到有力的支撑。

【质量管理】公司网络维护部门按照市公司网络运营中心的要求，建立本地无线网开站考核制度，负责定期汇总、分析本地无线网开站、搬迁、扩容前后各项指标，组织优化并上报市公司网络运营中心。所有新开基站、搬迁、扩容的基站必须有EOMS任务工单为依据，EOMS任务工单需提前一个工作日提交，遇星期六、星期天、节假日的应扣除相应天数。

【移动尼玛县分公司2019年负责人名录】

县公司总经理：吉　巴（藏、女）

电信尼玛县分公司

【概况】电信尼玛县分公司2019全年收入1180万元，新增家庭宽带业务370户，卓瓦乡、申亚、阿索乡等十个乡镇的营业网点建设完成，尼玛县电信用户规模达9000户。

【电信尼玛县分公司2019年负责人名录】

县公司总经理：次仁晋美（藏）

商　贸

商务局

【概况】 2019年4月，尼玛县商务局从尼玛县发展和改革委员会划出，成为正科级建制单位。截至2019年底，尼玛县商贸流通领域个体工商户共计1200余户，招商引资完成26500.289万元，完成全年目标任务，其中，第一季度完成7460.985万元，第二季度完成6945.842万元，第三季度完成7203万元，第四季度完成4890.462万元。

【招商引资】 2019年尼玛县招商引资投资目标任务为25175万元，按照固定资产投资额不低于60%的任务要求，尼玛县2019年需完成15105万元的固定资产投资。截至2019年底，尼玛县招商引资已完成6158.69万元，固定资产已完成4048.27万元，完成全面目标任务的26.8%。尼玛县已签订协议项目8项，那曲天然饮用水项目，总投资26000万元，尼玛县占比投资13000万元，目前正在做土地变性对接等购地事宜；当穹错锂矿表面卤水锂钾硼综合开发项目截至2019年已完成投资1514.26万元，截至年底已经办理用地预审和立项核准；扶贫综合体项目，协议总投资金额3000万元，截至年底已完成固定资产投资1860.31万元，2019年底已完成总工程量的85%；尼玛县中仓乡利民加油站，协议投资金额500万元，已完成投资468.69万元，现处于试用期；中石油尼玛县二号站，协议投资金额1200万元，现处于跑办前置手续阶段；尼玛县阿索乡民营加油站项目，协议投资金额500万元，现处于跑办前置手续阶段；尼玛县热源厂，通过招商渠道，现已交给西宁腾昇商贸有限公司运营，截至2019年底已完成固定资产投资669.1万元。

【重大项目】 尼玛县蔬菜保鲜库项目，总投资400万元，该项目8月19日施工方进场，2019年底完成总工程量60%，其中主体基础浇筑、回填、主体钢构钢骨架安装已完工。

【安全生产】 截至2019年底，尼玛县共有中石化、昆仑、顺达三家加油站，各加油站位置相距较近且位于出城路段，地理位置特殊，为防止恶性竞争、出售劣质成品油及不规范经营现象的发生，立足尼玛县当前实际情况，加强自身业务知识学习，建立完善与县应急管理、市场监管、消防、公安等部门定期联系制度，定期不定期采用抽样、逐个检查的方式加强对三家加油站的质量监管和安全隐患排查。组织协同相关部门开展各类专项、单项安全巡查检查29次，针对检查出现的问题及时进行现场责令整改，对安全隐患重大的按照相关制度，依法进行责令停业整改。

【商务局2019年负责人名录】

副局长：胡腾龙（2019年11离任）

中石油尼玛加油站

【安全方面】 2019 年，中石油尼玛加油站对全体员工加强培训，学习安全环保相关资料、消防器材使用方法、判断灭火器是否过期、加油站现场管理、禁止按喇叭、禁止站内接打电话、禁止吸烟、熄火加油等内容。

【经营情况】 尼玛县加油站销售油品任务为 6500 吨。1 月至 12 月，每月销售 541.6 吨，全年销售 92# 汽油、95# 汽油 3600 吨，0#、20# 柴油 2900 吨，售卡 800 张，计划完成率为 100%。

【中石油尼玛加油站 2019 年负责人名录】

站　长：西加古加（藏）

供　电

【概况】 尼玛县供电有限公司是西藏那曲市所属的国有独资供电企业，正科级建制。2019 年尼玛县发电量达 10281680 千瓦时，总送电量 6763140 千瓦时，年收入 450.21 万元，同比增长 -1.26%，利润是 13.90 万元，同比增长 -76.31%，完成了年计划的 92.835%。电费收入为 432.40 万元，同比增长 -5.17%，其他收入 17.81 万元。

【安全生产】 2019 年，供电公司组织开展针对县城线路及居民安全用电综合大检查 28 次，发现安全隐患 35 项、窃电现象 9 项。依据《中华人民共和国电力法》《电力设施保护条例》及其实施细则，为确保用户的生命和财产安全，对外地用户下达 16 项整改通知书，对居民下达 19 项线路整改通知书，由供电公司运维检修部整改，整改率达到 90% 以上。

【项目建设】 2019 年，为保障尼玛县脱贫攻坚任务顺利完成，尼玛县累计开工建设 35 千伏及以上主网工程 9 项、10 千伏及以下配网工程 11 项，总投资 8.03 亿元。尼玛县内将有 110 千伏变电站 2 座、容量 20 兆伏安；110 千伏线路 1 条、长度 213.7 千米；35 千伏变电站 7 座、容量 14.65 兆伏安，35 千伏线路 7 条、长度 362.623 千米；10 千伏配网线路 9 条、长度 422.742 千米。配电变压器容量 32.47 兆伏安，主配电变压器数量 148 台（包括三区三州新增 85 台变压器），总容量 85.24 兆伏安。

【尼玛县供电有限公司 2019 年负责人名录】

党委书记：阿　冲（藏）

总经理：桑　觉（藏）

副总经理：石　南（藏）

副总经理：扎西石曲（藏）

环境保护·城乡建设

自然资源管理

【概况】 2019年，尼玛县自然资源管理局积极主动掌握教育事业发展建设用地需要，在尼玛县土地利用总体规划（2006—2020年）中科学规划、合理布局，并根据教育发展布局的调整，及时做好土地利用总体规划调整，做到土地利用总体规划与教育发展布局紧密衔接。同时，在土地利用规划方面严格管控。

【第三次全国国土调查】 2019年1月2日，成立尼玛县第三次国土调查领导小组，2019年3月4日由县人民政府印发《尼玛县第三次全国国土调查实施方案》，前后两次召开动员部署会，安排部署尼玛县三调工作，结合本县实际和中央统筹安排，财政部门协调，根据国土调查具体任务和计划安排，落实县级经费共计22.2万元，主要用于三调设备购买、县级自检工作。

截至2019年底，测量数据显示尼玛县国土面积7253348.11公顷，其中湿地面积304207.43公顷，耕地面积115.31公顷，林地面积1539.68公顷，草地面积6348213.83公顷，商业服务用地27.32公顷，工矿用地1957.62公顷，住宅用地338.14公顷，特殊用地13.72公顷，交通运输用地7186.71公顷，水域及水利设施用地371180.83公顷，其他土地218423.05公顷。

【土地出让】 2019年4月，尼玛县共拍卖县城国有土地4宗，成交价款793.5万元。2019年9月，尼玛县在国道317旁出让土地5000平方米，成交价66万元。

【不动产办理】 2019年共办理1224宗房屋不动产权证。

【农村集体土地所有权确权登记】 2019年3月21日，自治区国土资源厅验收组对尼玛县农村集体土地所有权确权登记发证工作进行验收，并于3月29日提交自治区验收组验收通过。整改完成后，尼玛县集体土地3754宗，面积72.62平方千米。

【矿产资源】 2019年上半年自然资源局共进行3次矿区检查，其中中仓乡砂金矿区2次，来多乡那让矿区1次。文布北村当穹错锂矿实地检查1次，并多次与上级主管部门联系解决矿区用地问题。

【野生动物保护】 在藏羚羊交配和产仔的季节多次组织工作人员在羌塘保护区周边以及南部藏羚羊分布比较集中的区域进行小型巡逻数次。在阿索乡和中仓乡中间的国道309界限开通藏羚羊迁徙通道，动员全体职工以及专业管护员和辖区内的野生动物保护员在路面铺沙子，约有4000多只藏羚羊通向了迁徙路口。2019年初，科考队以尼玛镇木嘎雪山点和荣玛一村觉木山点为重点考察点进行跟踪拍摄，发现这两个考察点有20余只雪豹，且科考队研究蹲点得出该地为尼玛县雪豹主要栖息地。2019 年 2 月、3 月分别深入羌塘国家级自然保护区、核心区、缓冲区内开展大规模全方位的大型巡逻两次。

2019 年，尼玛县羌塘体制机制专业管护站有 135 名专业管护人员和 135 名野保员。与森林公安局等共同开展野生动植物保护执法行动。发放《中华人民共和国野生动物保护法》《中华人民共和国西藏野生植物保护办法》等相关法律法规、宣传海报，全力做好野生动物疫源疫病各项防治工作。

【湿地保护】 尼玛县在四个湿地保护区及国家公园动员湿地辖区内的湿地监测员，在湿地周边开展数次清理垃圾等环卫工作。在候鸟迁徙期，湿地野生动物保护员加强对湿地的保护，扎实做好候鸟的保护工作。

【“两江四河”】 积极开展全县绿化工作和植树造林活动，2019 年西藏“两江四河”流域造林工程项目投资 177.4 万元。

【生态岗位】 尼玛县林业系统生态补偿岗位共 5309 人，分布在尼玛县 14 个乡镇。

【自然资源局 2019 年负责人名录】

局　长：扎　多（藏）

林业和草原局局长兼县森林公安局局长：

努　琼（藏）

二级主任科员：王　立

副局长：格桑扎巴（藏）

副局长：德青伦珠县（藏）

生态保护

【概况】 尼玛县对照《那曲市落实中央环保督察整改总任务台账》，截至 2019 年 12 月，共计收集整理各级环保督察整改问题台账 24 个；形成销号资料 18 册；收集备查资料清单 23 册。2019 年尼玛县政府投入 18.81 万元用于尼玛县垃圾填埋场上下游各设立 1 座监测井，导气孔续接工作已完成整改。

【环境状况】 2019 年，尼玛县县城空气质量达到国家Ⅰ级标准，波仓藏布河流水质、饮用水水质都达到国家Ⅲ类以上标准，农村试点及生态乡（镇）的空气、水质、土壤质量达到国家Ⅱ类标准，环境质量持续良好。

【污染防治】 2019 年 1 月，那曲市生态环境局对污染普查工作成果进行验收，尼玛县验收已经通过，验收成绩为 90 分。尼玛县截至 2019 年 12 月共计登记 68 家企业排污许可证。根据国家生态功能区县域考核环境质量监测要求，2019 年尼玛县投入 281 万元，对县城空气、地表水、集中式饮用水源地、农村试点环境质量进行监测。2019 年尼玛县生态环境分局利用“3·22 世界水日”“4·22 世界地球日”“6·5 世界环境日”“7·5 普法日”等节点在尼玛县范围内开展环境保护宣传教育活动。在活动中，咨询生态环境保护相关知识人数达 1350 余人，同时，将每次宣传活动延伸到乡（镇）一级，共计给各乡（镇）发放宣传资料 15000 余份，发放环保宣传袋 3200 余个。

【生态红线】 按照那曲市人民政府办公室关于印发《那曲市生态红线评估调整工作方案》的通知文件要求，县生态环境局积极配合县自然资源局，进一步科学评估尼玛县生态保护红线划定情况，合理有序解决生态保护红线划定方案存在的矛盾冲突，按照应划尽划要求，积极征求各相关部门的意见建议，意见建议汇总后上报给上级部门。

【环境监理】 严格落实环境影响评价和环保“三同时”制度，严格建设项目环境准入，从严控制三高项目的审批，预防污染源产生。坚持抓好建设项目的审批、备案及验收工作，截至 12 月，尼玛县分局共审批建设项目 37 项，环境影响执行率达到 100%。同时按照市生态环境局统一安排，完成尼玛县利民砂石厂和商砼站两家企业的环保专项验收工作。为重点抓好施工扬尘治理，制定《尼玛县建筑施工场所扬尘污染防治工作方案》，由县住建局牵头，联合生态环境局、交运局等职能部门多次开展施工场地扬尘防治监督检查工作，并对城区建筑工地进行排查，对存在露天堆放、容易产生扬尘的建筑材料进行必要遮挡，加大进出施工车辆加盖篷布的检查力度，同时要求工地生产场所必须封闭式施工，并制定内部洒水制度，推动施工区开展湿法作业。

【“白色污染”防治】 为扎实推进净土保卫战，坚决打好“白色污染”治理攻坚战，根据《那曲市“白色污染”治理攻坚战行动方案》要求，尼玛县制定《尼玛县“白色污染”治理攻坚战行动方案》，要求各部门、各乡镇就白色污染防治工作坚持源头控制、属地管理、综合施策、共管共治的原则，加强联合执法部门，重点整治县、乡（镇）、村周边环境以及重要交通干线沿线、旅游路线沿线、旅游景点区域、河湖湿地等区域。截至12月份，河流沿岸垃圾清理次数37次，对当惹雍错和达果雪山周边多次开展白色垃圾清理工作，发动职工、群众2200余人次。

【环境信访】 2019年年初尼玛县已开通“12369”环保投诉电话和举报联系电话，并通过新闻媒介进行了公示。全年累计收到信访举报1起，办理查处1起。查处率、结案率均达100%。

【那曲市生态环保局尼玛县分局2019年负责人名录】

局　长：次仁吉姆（藏、女）

副局长：索朗平措（藏）

住房和城乡建设

【概况】 2019年度，县住建局以攻项目扩投入、干实事抓落实为基调，结合年度工作计划，全县开复工项目共计183项，其中续建项目46项，项目投资20541.72万元（2019年投资）；新建项目137项，项目总投资359548.99万元。

【城区规划】 委托成都美厦建筑设计有限公司编制《西藏那曲尼玛县城市总体规划（2018—2035）》，于2019年底编制完成。

【重点工程】 尼玛县污水处理厂项目总投资2226万元，建设日处理能力达1000吨的污水处理及收集系统，配套管网5.6千米。截至2019年年底已完成总工程量的93%。文明小区市政道路改造项目总投资为509.7万元，建设规模市政道路1306.67米，红线宽度7米及给排水工程、路基防护工程、涵洞工程、照明工程及其他附属设施，截至2019年底已完成95%。

【易地搬迁附属建设】 尼玛县易地搬迁附属工程项目于5月复工建设，9月竣工并已投入使用，“三项工程”及小区内路面硬化、安装路灯等工作已全部完工。

【“厕所革命”】 西藏自治区“厕所革命”建设项目尼玛县共安排15座厕所，总投资为1050万元，于2019年对15座厕所进行给排水、供暖接入工作。10月中旬15座厕所均已竣工验收并交付，由城市管理和综合执法局进行管理和运行。

【公租房建设】 尼玛县计划新建政法干警公租房32套，项目总投资为638.66万元，建筑面积1895.84平方米及附属设施，2019年已完成选址工作。保障性住房共296套，其中，廉租房122套、公租房174套，现入住率达到97%，因3户廉租房严重漏水，待维修后分配给符合条件的住户。

【棚户区改造】 尼玛县棚户区改造项目剩余房屋共25套，棚户区改造项目剩余房屋可对外来人员进行出租，2019年共出租11套，收缴租金20.52万元，押金11万元，共计31.52万元，都已上缴国库。

【排查隐患】 住房和城乡建设局积极对全县所有的建筑施工领域进行摸排，对违建抢建、阻挠房屋征收、阻挠工程项目施工、恶意欠薪、私自改造房屋结构等进行全面排查，对容易出现欠薪案件施工领域进行全面排查；乡（镇）建筑施工领域选派人员下乡督查。2019 年共摸排 40 余次，未发现“两违”现象。

【非法集资整治】 2019 年以来，严厉打击存在非法集资行为的施工企业，在建筑施工领域明察暗访，对存在非法集资情况的单位和个人严肃处理，拉入施工黑名单，未发现非法集资情况。

【工程监管】 2019 年，尼玛县共有开复工项目 163 个，住房和城乡建设局在施工工地共悬挂宣传横幅 5 条，发放安全生产宣传材料 600 余份，组织相关职能单位进行安全生产检查共计 112 余次，发出整改通知书 6 起，整改率为 100%。全面落实项目质量监督制度，强化落实主体责任，扎实推进建设工程质量差异化管理，推动全县建设工程质量水平不断提高。在项目分部分项验收和竣工验收时高标准、严要求，严格对照施工图纸进行验收，全县工程质量始终处于受控状态，未发生一起重大工程质量事故。

【抗震改造补助】 根据市财政局下发《关于下达那曲市 2019 年第二批农村危房改造和民房抗震改造补助资金指标的通知》文件要求，下达尼玛县农房抗震加固改造任务 188 户，资金 142.55 万元。

【精准扶贫】 2019 年，根据县委、县政府对结对帮扶工作的安排部署及县脱贫攻坚指挥部对结对帮扶工作的指示和要求，住房和城乡建设局与军仓乡 5 村尼隆村开展结对帮扶工作，全年帮扶资金 1 万元。

【危房改造】 2019 年市下达尼玛县危房改造指标为一般户 61 户，下达资金 55.15 万元。改造率达到 100%。

【住房和城乡建设局 2019 年负责人名录】

局　长：次仁央吉（藏、女）

副局长：侯　陆

城市管理和综合执法

【概况】 城管局对全县小广告进行大规模的清理，共清理乱张贴的小广告 300 余张，乱喷涂的墙体广告 50 余个。针对多数非法小广告夜间喷涂、张贴现象，安排执法人员定期夜间值班巡逻。县城内主要街道、小区等乱喷涂、乱张贴的小广告已基本清除。执法人员采取“宣传在前、整治在后”的工作方式，挨家挨户走进经营户家中，宣传占道摆放落地广告牌对城市容貌和道路交通的影响，劝导他们安装正规的门头广告，放弃使用落地广告。执法队员共入户宣传 500 余户，依法扣押 130 余块落地广告，对大型违规的店牌进行集中整治活动，雇佣大量人员使用吊车等工具专门针对商铺店外乱挂 LED 广告牌、灯箱广告等违规现象进行根本性的清理，拆除各类违规广告和 LED 显示屏 30 余块，对街道广告牌匾进行整治。

【非机动车道治理】 城管局进一步落实《尼玛县“门前三包”责任制管理办法》，集中对乱摆摊点、乱搭乱建、乱堆乱占、乱扔乱放进行整治，规范车辆停放，清理整治占用人行道圈占停车位等行为，清理非法占用人行步道、非机动车道停车行为。

【马路市场治理】 城管局对城区现保留的马路市场进行规范整治，划定市场界限，限定经营范围，市场内有专人管理，专人清扫保洁。保持市场内环境整洁，道路畅通，经营规范有序。取缔自发形成的马路市场、马路工厂，还路于行。

【其他管理】 由于尼玛县地理位置因素，一到雨天，雨水夹带泥沙流到路上，下水道堵塞导致雨水滞留道路上，天晴又是灰尘满天飞；乡（镇）车辆进城夹带泥沙等存在的问题较严重。城管局同相关单位加大沟通维修或新建县城防洪设施，杜绝山洪流进县城；购置下水道清理工具疏通全县街道下水道。进城车辆经过检查站一律清洗进城，大型施工工地出入口计划修建清理水槽，出入车辆必须清洗上路。

【城市管理和综合执法局 2019 年负责人名录】

局　长：拉巴顿珠（藏）

教育·科技

教 育

【概况】 2019年底全县共有各级各类学校18所，含幼儿园1所，小学15所（完全小学5所，初小10所），初级中学1所，中等职业教育学校1所。全县小学适龄儿童在校生为3342人，净入学率达99.85%。初中适龄少年在校生人数为1461人，毛入学率102.81%。全县在校生5872人（学前1403人、小学3148人、初中1321人）。全县教职工398人，专任教师398人（幼儿园16人、小学245人、初中109人、机关借调25人、职教3人）。

【德育】 2019年尼玛县教育系统以“四讲四爱”群众实践教育活动为主线，结合“诚信”教育、爱国守法教育、“五个认同、三个离不开”教育宣传活动、“新旧西藏对比”宣传教育活动、“五四”爱国教育活动、学习雷锋精神活动、中华人民共和国成立70周年庆祝活动等，以国旗下讲话、黑板报、主题班会、故事讲演、集中宣讲等形式来开展“四讲四爱”群众教育实践活动，增强学生爱国主义、集体主义和社会责任感。全县教育系统共开展活动141次，上报简报141期，师生累计参与共3000人次。

【队伍建设】 2019年尼玛县新分配教师11人，调出教师6人。全县小学正（副）校长17人，中学正（副）校长3人，幼儿园园长1名。专任教师393人，其中研究生学历1人，本科学历204人，专科学历189人，高级教师17人，中级职称教师134人，初级职称教师235人。

【教研】 2019年按照上级工作要求和指标标准，出台《尼玛县教育局2018—2019学年“五个100%”工作目标实施方案》，尼玛县各学校双语教学普及率达100%，数学开课率达100%，县中学数理化生课程计划完成率达到100%，县中学理化生实验课开课率达100%；县职教中心开课率100%。2019年尼玛县教育系统“5个100%”工作落实情况通过自治区级验收。每个月对各学校教师进行一次备课内容、听课笔记以及作业批改情况等检查，对发现存在问题的学校进行整改。

【教学大赛】 2019年尼玛县教育系统举行“尼玛县小学教学大赛”，尼玛县两个集团总校分别进行一次赛课，北部学校集团参加人数64名，参赛科目是藏文、数学、汉语、综合，南部学校集团参加人数54名，参赛科目是藏文、数学、汉语、综合。尼玛县参加“那曲市中学教学大赛”，县中学分别派出6个科目（藏文、数学、汉语、历史、政治、物理）教师，其中县中学3名教师获奖。

【校园安全】 严格遵照执行各级安全稳定相关会议和文件精神要求，一直把安全工作摆在全局工作的首要位置，制定安全措施，强化责任，落实安全工作，加强值班带班，开展学生安全接送、安全知识教育、安全应急演练、学校安全隐患排查、学校食品48小时留样跟踪、宿舍一帮一、学校周边安全专项整治等多项活动，实行“安全零报告”制度。

【教育信息化】 尼玛县为每年新分配教师配备教学电脑每人一台，根据2019年全县义务教育均衡八大指标标准要求，现各学校按照8%配备学生机房；计算机授课教室均已开设使用；全县中小学均配装学校全方位监控，进一步完善公开教学。全县各学校均安装校园整体监控系统，同时各学校食堂也均达到上级校园“明厨亮灶”要求；县中学投入500万元建设“智慧校园”（中心数据库机房建设、云计算机教室、平安校园无死角监控、“智慧黑板”和电子班牌30套、电子阅卷室），县中学仅限完成实验“智慧教室”工程，用于学生电子化教学。尼玛县完小、二小、县幼儿园安装全区教育系统管理平台部分功能设备（蓝牙考勤机、值班室访客机、手机远程广播操作系统自动预警播报）；县直校园网络开通，乡镇学校办公网络覆盖；信息化教学能力培训覆盖县直学校（电子白板使用、西藏教育珠峰旗云平台使用全覆盖、掌握101教育PPT内部资源）。

【教育经费】 2019年，尼玛对教育事业投入677.6万元，占上年财政收入的20%。2019年生均预算内教育事业费小学为4920元、初中为5120元。生均预算内公用经费小学为700元、初中为900元。2019年“三包”经费2129.78万元，受资助人数5709人。

【教育督导】 2019年，共摸排疑似失学辍学儿童少年453名，核查确定实际失学辍学151名，劝返151名。聚焦乡镇、村（居）反映部分适龄儿童少年残疾无证、残疾类别不清等问题，县委、县政府组织相关部门及各乡镇，对全县适龄残疾儿童少年进行2次集中筛查鉴定，共筛查鉴定疑似残疾儿童少年339人，确定残疾117人，34人已按要求开展送教上门，其余残疾儿童少年均已入校随班就读。

【教体局2019年负责人名录】

局　长：高　东

副局长：贡觉吉美（藏）

副局长：拉　珍（藏、女）

中　学

【概况】 2019年在校生1321人，专任教师103人，副高级教师4人，中级教师87人，学历达标率100%。其中藏族教师84人，汉族教师18人，撒拉族教师1人，男教师54人，女教师49人。100%升学率。

【德育教育】 德育教育紧紧围绕学校工作中心，以培养良好品德和行为习惯为目标，以重点抓好爱国主义教育、民族精神教育、法制教育、心理健康教育、安全教育为主要教育方针。本年度的德育工作措施为加强班主任队伍建设，落实考核评比。加强学生行为习惯的养成教育和法制安全教育。充分发挥社会、学校、家庭教育功能。注重学生心理健康教育。

【安全管理】 学校一直重视安全工作，学校制定有《学校及周边安全工作实施方案》《学校安全维稳工作实施方案》《学校突发性事件应急处置预案》《学校安全门卫制度》等工作制度，每年都跟全校教职员工签订有相关责任书，确保学校安全维稳工作顺利开展。学校一直坚持主要领导带班，实行24小时值班，每天都有“红袖标”护校队在校园内外巡逻，确保学校正常的教学秩序和安全。

【教师队伍建设】 重视教师素质提升工程，制定实施教师素质提升方案、教师读书方案和新老教师培训计划并贯彻实施，建立青年教师、骨干教师、新教师成长档案，以老带新，结对互助；认真组织校本培训和校本教研，号召全体教师大练基本功，提升教师理论水平、专业素质和道德水平。

【“双联户”服务】 学校重视开展“双联户”服务管理工作，为努力实现“五个进一步”（进一步凝聚人心、进一步促进增收、进一步强化治理、进一步畅通渠道、进一步深化体制）的目标，学校根据上级指示和学校实际成立“双联户”领导小组，按照“住户相连、邻里守望”的原则，以5户作为1个联保单元，共设有5个联户小组，每个联户小组都推选产生1名“事务明白人”或“热心人”作为联保户长，协助和配合学校领导组织联保户开展看家护校、群防群治、纠纷调解、流动人口管理等工作，2019年初签订联保责任书。

【驻村工作】 尼玛县教育系统驻村地址为卓瓦乡二村多木热村，每届驻村学校都会配合教育系统选配责任心强的优秀教师到卓瓦乡二村积极宣传党的政策，宣传党的教育方针，进行劝学、促学工作，经常深入牧民家中，与牧民面对面谈心了解情况，积极帮助牧民群众解决困难。

【精准帮扶】 尼玛县中学教师对口联系包户帮扶尼玛镇127户贫困家庭，2019年县中学校分别对贫困家庭进行帮扶和实地走访，兑现和发放帮扶物资供给6.35万元。了解各家庭的实际情况，讲解各项惠民政策，帮贫困家庭理清思路，转变观念。

【县中学2019年负责人名录】

党支部书记：席高强

校　长：桑珠次仁（藏）

完全小学

【概况】 2019年学校设有23个教学班，在校生953人，专任教师55人，其中高级教师5人，所有教师均符合小学教师学历标准。六年级毕业班1名学生顺利被内地西藏初中班录取，其余都以合格成绩输送到上级学校。

【校园管理】 每学期开学前，狠抓各类计划的制订，要求各处、科任教师在一周内制订好本学年的各项工作计划。制定各类教学计划时，注意和加强可操作性，保证目标明确，计划合理，管理到位。

【德育工作】 组织全体教工认真学习党的十九大精神、《中华人民共和国义务教育法》、习近平谈治国理政、政治纪律、《中华人民共和国教师法》、《中华人民共和国职业教育法》、《中华人民共和国未成年人保护法》等。把法律知识的学习列入教师师德培训内容。进一步完善班级量化考评方式，推动班集体建设。做好学生德育量化考核，加强学生一日常规管理和文明礼仪教育，规范学生日常行为习惯，加强养成教育。利用班会、国旗下讲话、班级文化建设等途径使“四讲四爱”主题教育实践活动和党的十九大精神宣传学习形成常态化。利用周总结和课余时间使法制教育、安全教育等活动得到有效开展。针对班主任工作，特别是新任班主任，进行指导和交流，补充和完善班主任量化考核办法。合理利用家长委员会，重视和家长的沟通，争取家长对学校工作的积极配合与理解。利用六一儿童节开展丰富的文艺、体育活动，使孩子在轻松的环境中接受体验，增长才智。

【尼玛县完全小学2019年负责人名录】

书　记：贡布多杰（藏）

校　长：日　加（藏）

第二小学

【德育建设】 教师的素质直接影响着学风和校风，教师的形象直接关系着学生素质的培养。学校要求教师在平时的教学工作中时时严格要求自己，时时自我反省，做学生的表率。为了做好教师政治思想工作，学校采取多种形式，理论联系实际，努力提高教师的政治思想、道德素质。

【教学工作】 学校严格执行教学“六认真”制度，即教师做到认真备课、认真上课、认真布置批改作业、认真辅导学生，教导处做到认真检查、认真考核评价，强化教学过程每个环节的实效。除坚持每月进行一次教学常规检查并及时通报检查结果外，平时教学管理人员还对教师授课进行不定期抽查。教务处将常规教学检查融入平常的教学过程之中，采取分学科、分教研组进行指导。加大听课、查课的力度，对教学过程中出现的问题及时处理并做好记载，根据教学常规考核细则有针对性地提出改进措施。组织期中和期末教学质量检测活动，并结合日常教学工作不定期地检查教师备课、听课、业务学习及作业批改等情况并及时记载，作为学期结束教师绩效考核的依据之一。学校要求每位教师要树立“四十分钟质量意识”，充分利用好课堂教学平台和优质教育资源，切实提高教学质量。改进教学方式和学习方式，引导学生自主、合作、探究学习，注重培养学生的学习能力、独立思考能力、创新能力和实践能力，发展学生的个性特长。

【教师队伍】 开展帮教活动，“以老带新、以新促老”。学校每学期集中安排两个公开教学周，通过听课、评课，反馈教学情况。组织全体教师参加讲座听课，各教研组也根据各自的学科特点举行各种组内校本培训学习。教导处组织语文和数学老师参加听课、讲课、评课活动。

【尼玛县第二小学 2019 年负责人名录】

书　记：阿　琼（藏）

校　长：巴　桑（藏）

幼儿园

【概况】 幼儿园占地总面积 18000 平方米，建筑面积 2624 平方米，室外游乐场地 800 平方米，室内活动室 600 平方米。设 3 个年级 6 个教学班级，在园适龄幼童 330 名，享受国家“三包”惠民政策幼童 297 名。教职员工 26 名，专任教师 16 名，保育员 3 名，园医 1 名，校园安保 2 名，炊保员（食堂工作人员、清洁人员）4 名。

【教学管理】 2019 年，全年幼儿园继续实施每学期一次的教师岗位技能大练兵活动，认真计划练兵活动时间安排，按时间安排依次推进七个阶段的练兵活动，第一阶段师德师风学习与考核，第二阶段教学活动评价（听评课），第三阶段电子琴指法，第四阶段美工，第五阶段音乐、舞蹈，第六阶段故事、说课、书法，第七阶段总结。以练带训，提升教师的专业技能。

【德育工作】 结合党支部学习计划，组织教师加强意识形态领域的政治理论学习、师德师风建设学习。教师岗位技能大练兵活动第一阶段师德师风学习与考核标准等要求纳入师德师风考核范围。落实“立德树人根本任务”，培养社会主义合格建设者和接班人。每班每周均开设一节德育教育游戏活动课，把德育教育延伸融入一日活动整个过程，始终践行园训：“礼、孝、德、立、勤”。

【安全管理】 每学期开园前把安全工作纳入园务委员会日程研讨，综治安全办根据会议内容制定切实可行的安全工作计划，园办与教职员工签订安全目标责任书，落实安全目标责任和职责。出台 2019 年遇突发事件应急处理预案、防食物中毒、防季节性传染病、包虫病等方案。出台消防演练和防震演练方案并举行了演练活动。制定门卫安保制度和岗位职责，增加 1 名校园安保工作人员，严格外来人员的盘查、询问验证、登记工作，做好外界与园内连接的第一道安全防线，进一步完善 24 小时值班制度，明确值班三要素和巡逻上报制度，完善大门口值周制度，严禁家长携带危险物品进出幼儿园，防止无监护人接送幼儿擅自离开幼儿园，禁止无接送卡的社会人员进入幼儿园内。进一步完善制定食堂安全责任制度，加工食品环节严格落实工作人员清洗消毒上岗操作，操作流程规范，食材、食品 48 小时留样和试吃登记工作。食品存储环节，严格入库、出库验收排查，对不合格的食品禁入禁出，每周对存储食品排查一次，分类存放，注明入库时间、保质期限、供货商家等相关信息。对大型玩具、游乐设施设备、运动器材、玩具、门窗、电器、水暖、电线等进行安全隐患排查，发现安全隐患及时维修处理，不能处理的及时上报。

【家园共育】 2019年3月在园务委员会和大型教研活动中提出，加强牧区家庭教育的辅导力度，提升家园共育质量，为孩子明天更好的发展奠定基础。要求班级教师一学期走访班级50%的幼儿家庭。要求园级领导跟随家访工作，不流于形式，真正落实教师家访有效指导家庭育儿。

【幼儿园2019年负责人名录】

党支部书记：土登次旺（藏）

园　长：邹海军

科　技

【机构】 尼玛县科技局2019年成立，编制2名。2019年尼玛县选聘科技特派员共计148名，即每个行政村2个选聘名额，全县共新选聘30名。

【宣传工作】 为能够提升科技特派员的文化素质，通过理论学习，丰富服务内容，县科技局将科普知识宣传手册经翻译成藏文后下发到各乡镇科技特派员手里。

【兑现补助】 尼玛县科技特派员每年生活补助为0.6万元，共计88.8万元，已经完成全额兑现工作。“三区”科技人才每年的生活补助为每人2万元，共计22万元，已经全额兑现。

【项目】 2019年申亚乡2个村畜产品加工示范项目和卓尼乡1个村大棚蔬菜种植示范项目已经落实。

【组织培训】 尼玛县优质绒山羊特色产业养殖技能培训，项目经费12万元，培训的主要内容为选种配种、常见病防治、重大疫情防控等，参与人数达到170人次。5月16日，县农牧业科技服务站组织开展牛羊、非洲猪瘟等防控技术培训班，参与人数共计21人。

【科技下乡】 5月15日，参与“科技五下乡”活动，宣传关于科学养殖、科学发展畜牧业的知识及科技特派员的责任。

【科技局2019年负责人名录】

主任科员：董卫萍（女）主持工作

卫 生

卫健委

【概况】 尼玛县卫健委于2019年4月由尼玛县卫生和计划生育委员会改编而来。为有效落实扶贫工作推进会议精神，做好健康扶贫工作，确保贫困户100%参与健康体检，为“三个一批”“因病致贫、因病返贫”的确认和救治提供有力的基础数据保障，及时起草《尼玛县2019年建档立卡贫困人口健康体检查漏补筛实施方案》，于5月6日经卫生主管县长和脱贫攻坚指挥部副指挥长审核通过，经县脱贫攻坚指挥部下发各乡镇，尼玛县建档立卡贫困人口体检率100%。同时取消建档立卡贫困户报销单次2万元封顶线，执行年报销6万元封顶线。

【数据核实】 为确保健康扶贫各类数据的准确性、真实性，为后续工作的开展提供有力支撑，组织14个乡镇卫生院负责人和健康扶贫专干就开展健康扶贫相关工作和政策培训，按照上级工作要求开展数据核实工作，基础数据核实率100%。

尼玛县建档立卡2340户9540人，经各级医疗机构体检筛查，体检患病1153人，患病率12%。完成建档立卡“三个一批”患病人员救治，医疗救治1563人次，报销金额1208万元，实施医疗救助1458人次，发放救助金额210.7万元，开展家庭医生签约管理服务率100%，实现慢病签约服务全覆盖。

【家庭医生签约】 尼玛县卫健委根据《家庭医生签约服务实施方案》，优先覆盖建档立卡贫困人口、计划生育特殊家庭、60岁以上老年人、孕产妇、儿童、残疾人、慢性病患者、结核病等慢性传染病和严重精神障碍患者等重点人群，并达到全覆盖，同时签约服务率达到100%；截至2019年底尼玛县签约服务达到全覆盖，签约率达到100%。为进一步加大签约服务工作实施力度，3月，向县委、县政府提交关于订购家庭医生签约服务本的请示报告并研究通过，制作《家庭医生签约服务本》9500本、《卫生计生惠民政策》3500本（藏文版3000本、汉文版500本）。

【公共卫生服务】 基层巡诊、义诊活动。以开展14项基本公共卫生服务为抓手，以全区基层巡回诊疗活动为契机，实施好疾病预防相关工作，做到早诊断、早发现、早治疗，筑牢生命健康防线。在县委、县政府的大力支持下，按照每个行政村5225元药品需求标准，采购40.2325万元的藏药、西药用于保障活动的顺利实施，累计为群众免费发放52.8117万元的藏药、西药，有效利用整合尼玛县现有医疗优质资源，沟通协调四川大学华西医院、自治区人民医院、自治区藏医院、市藏医院等医院的专家老师，统筹协调尼玛县医技力量全力做好基层巡诊义诊活动，完成尼玛县14个乡镇77个行政村（居）基层巡诊义诊活动。

【脱贫攻坚】 为继续深化精准扶贫工作，将精准扶贫、结对帮扶等工作落到实处，截至2019年底，县人民医院、县藏医院、县疾控中心、县卫健委累计帮扶6次，发放大米和糌粑等各种食物价值2.7万元，免费诊疗118人次、发放价值9657元的药品。

【“高原病”筛查】 尼玛县结核病建档立卡应筛查9440人、实筛查8327，筛查率88%；僧尼应筛查59人、实筛查59人，筛查率100%；学生应筛查4922人、实筛查4922人，筛查率100%。尼玛县乙肝建档立卡应筛查9440人、实筛查9440人，筛查率100%；僧尼应筛查59人、实筛查59人，筛查率100%；学生应筛查4922人、实筛查4922人，筛查率100%。2019年通过医疗巡诊、健康体检发现尼玛县高血压患者925例，管理登记900例，管理率达97.2%。糖尿病患者13例，管理登记13例，管理率100%。包虫病实际筛查人数为30153人，阳性患者497人，其中建议手术治疗82人、建议药物治疗318人、仅随访复查无需治疗97人，建议手术的82人中已手术47人，25人因病灶钙化现无需手术，2人因禁忌症不能手术，另有术前死亡1人和术后死亡1人，6人因年龄大于67岁所以自愿放弃外科手术；建议药物治疗的318人中正在服药的有166人，136人因钙化无需治疗，4人因禁忌症不做治疗，10人已治愈停药，服药前死亡1人和服药后死亡1人。仅随访复查无需治疗的97人已纳入签约随访管理中。

【医疗援助】 四川大学华西医院帮扶的4名专家，专业分别为血液内科、急诊、护理、临床药学，2019年6月8日到尼玛县并于6月13日与自治区人民医院第五批专家及第四批专家召开交接会，6月14日正式在县人民医院开启帮扶工作。华西医院捐赠31万元用于购买急需设备，并建立远程信息系统。援助医疗队在受援期间帮助县人民医院完成6月30日重大车祸的群体救治、保障和转运任务1次，配合县卫健委工作成功完成尼玛县幼儿园300余名儿童的“0—6岁眼保健和视力初筛检查活动”1次、下乡进村义诊送药活动8个村1000余人次。自治区第一人民医院“万名医师专家队”下乡结对帮扶尼玛县人民医院，结合医改工作在自治区人民医院第四批“万名医师专家队”的帮助下，县人民医院2019年前三季度开展业务学术讲座20余次，其中本院医师讲座6次，专家讲座14次、专家免费义诊6次。为进一步提高尼玛县干部职工在高海拔地区的保健意识，专家队为尼玛县干部职工做“心血管疾病防治讲座”，开展首次“创建等级医院”内部自查并制定尼玛县人民医院3—5年发展规划，制定《尼玛县人民医院绩效考核管理实施方案》，开设妇幼计生专干培训班。自治区人民医院援助“万名医师专家队”第四批与第五批于6月13日完成交接工作并召开交接会及总结表彰大会，通过交接会，第五批专家队按照原定计划继续为县人民医院开展帮扶工作。

【专技人才】 2019年，县委组织部为尼玛县新分配86名医护人员，其中84人分配至各乡镇，使每个乡镇的医护人员总数达到编制数量10人；还有2人分配至县疾控中心。

【妇幼计生】 2019年，产妇799人，住院分娩721人，住院分娩率达95.49%，孕产妇死亡3人；5岁以下儿童总数5365人，5岁以下儿童死亡数13人（其中婴儿死亡9人），5岁以下儿童死亡率2.42‰，婴儿死亡率12.8‰，办理新生儿出生医学证406人次；免费检查乙肝、艾滋病、梅毒共310人，高危孕产妇成功转院7人，妇科危重及疑难病人成功转院15人。

【疾病预防】 健全各项工作制度，完善各类登记台账。尼玛县免疫规划工作按照“基础抓常规免疫，应急抓强化免疫，重点抓查漏补种”的总体要求，尼玛县所有预防接种单位建立健全生物制品管理和使用制度。尼玛县疾控中心和各预防接种点开始使用“宝贝计划”全区免疫规划信息管理系统来完成疫苗年度计划和疫苗出入库的录入、上报、儿童接种信息录入等操作，逐步实现疫苗的按需使用和管理。各预防接种单位加强冷链设备温度监测，建立疫苗出入库登记本，做到了实物与登记的相符。

【疫苗接种】 5月30日，根据上级文件精神组织各乡（镇）卫生院和县人民医院、县疾控中心，召开免疫规划接种移交工作会议，并按照属地管理原则交接完毕。6月1日后县疾控中心不再承担疫苗接种工作任务，县城内疫苗接种由尼玛（镇）卫生院及扶贫搬迁点卫生室实施。尼玛县严格按照上级业务部门的工作要求，以卫生健康为中心开展好疫苗接种、网报等工作，筑牢群众生命健康防线。

表1　2019年尼玛县15个预防接种点接种情况汇总表

疫苗名称	应种（人）			实种（人）			接种率		
	1	2	3	1	2	3	1	2	3
卡介苗	190			185			97%		
乙肝	613	647	618	602	638	600	98%	98%	97%
脊髓灰质炎	629	493	458	626	485	439	99%	98%	95%
百白破	364	363	380	357	355	377	97%	97%	99%
A群流脑	569	419		561	411		98%	98%	
A+C群流脑	276	125		270	123		97%	98%	
麻疹	273	111		269	108		98%	97%	
麻腮风	390	203		388	198		99%	97%	
甲肝	483			474			98%		

【健康扶贫】 为做好健康扶贫工作，防止农牧民群众“因病返贫、因病致贫”现象发生，自治区红十字会、那曲市卫健委邀请的第三方白内障专家组赴尼玛县为农牧民群众开展白内障救治工作，统一组织各乡镇、县敬老院、县二小尼玛县户籍的群众和学生在县人民医院开展白内障筛查工作，共计筛查525人（建档立卡贫困户230人），白内障确诊80余人，累计开展2次复明手术，投入27.7万元。

【基层经费】 2019年，全年共收到上级党组织拨款6400元，全年共支出使用3500余元，剩余（含上年结转）4200余元。

【培训工作】 尼玛县卫健委沟通协调自治区人民医院专家老师和县疾控中心，对尼玛县各级医疗单位开展4次大型业务培训，参加培训人员共计105人，强化对孕产妇、儿童的综合管理服务能力，提高产科技术服务水平，从而降低尼玛县孕产妇、5岁以下儿童死亡率和消除新生儿破伤风，降低出生缺陷发生率。

【宣传工作】 按照上级业务部门下发的相关文件要求，结核病、免疫规划、职业病、健康素养、学生营养、爱眼日、高血压等宣传日进行相关宣传活动，在县人民政府广场以及县级学校以宣讲形式进行健康教育宣传活动，并发放宣传资料4800余份，受益人数达4000余人。此外对县辖区内的娱乐场所开展了2次高危干预工作（艾滋病）。

【卫健委2019年负责人名录】

主　任：林文志

副主任：措加曲措（藏、女）

副主任：白玛央金（藏、女）

人民医院

【概况】 尼玛县人民医院总建筑面积4548.77平方米，有门诊大楼、住院楼、妇保站、高压氧舱、太平间、医疗废物暂存间、制氧站、职工食堂、多媒体教研室等建筑。医护人员共41人，床位数10张、实有床位43张、观察床数4张。为集医疗、急救、预防、保健于一体的综合性医院。2019年救治病人数达到4666人次。2019年尼玛县人民医院门急诊接待3480人次、急诊成功抢救36人次，成功抢救高原肺水肿、脑水肿116人次，收住院553人次、治愈461人次，好转人数

37人、转院人数49人，死亡人数6人，小型手术509人次，疑难危重病例讨论11人次、门诊输液2131人次、雾化963人次、口腔100人次。

【妇幼保健站（妇产科）】 妇科住院病人313人，门诊病人1679人，治愈率100%。免费孕前检查272对（夫妻），出生缺陷检查80对（夫妻），共办理新生儿出生医学证300人次。

【免费体检服务】 3月为尼玛县一线民警义诊体检125人次，5月3日至9日按照县教育局方案，尼玛县人民法院组织专人开展尼玛县适龄学生残疾鉴定工作，5月11日协助那曲市卫健委邀请的第三方白内障手术团队开展白内障复明手术的筛查、体检等共计派出医护人员10人，完成尼玛县52名白内障患者的手术。尼玛县人民医院专门安排医务人员积极配合县脱贫指挥部开展尼玛县77个行政村免费巡回义诊活动。

【护理事业】 截至2019年，共开展教学查房80余次，示教和带教护理规范化操作，参加人数30余人次。建立临床护理质量核查机制，在全院推行护理查对制度并严格监督。梳理、规范护理管理制度和操作流程20余个，护理核心制度10余项，制作统一的床头卡，并投入使用。修改规范护理人员考核办法，并协助县医院护理部完成护理人员考核3次。梳理护理工作收费项目，新增护理收费项目70余个，提交尼玛县人民医院办公室审核。

【临床诊疗】 2019年共开展教学查房63次，诊治内科、外科患者100余人次，示教内科查体20余次，参加人数50余人次，开展院级新技术“B超引导下腹水穿刺术”“耻骨上膀胱造瘘术”“关节腔及髌上囊穿刺术”等3项新技术，带教和示教“气管插管”标准操作和呼吸机管路连接规范化操作等技术，参加人数50余人次。带教急诊清创缝合术20余次、骨折手法复位术10余次。示教外科全麻规范化操作3次，“巨大皮下脂肪瘤切除术”1次。血液科专家开展病历质控，共完成质控病历50余份。建立死亡讨论机制，规范死亡讨论文件格式，开展院级死亡讨论5人次。规范出院病历归档程序，由援助专家、临床科主任共同监督，将病案归档缩短至3天。配合尼玛县人民医院规划建设方案，提出急诊科设置规划1套，同时提出急诊团队建设方案，一并提交院办公会讨论。同期开展急诊CPR规范化操作的实践考核，将临床医护人员分为3组，分批分次进行全覆盖的实时操作评比考核。

【脱贫攻坚】 为进一步做好尼玛县2019年全面脱贫工作，根据落实市、县、乡脱贫指挥部相关工作安排，全面完成好结对帮扶工作任务，尼玛县人民医院分两个批次进行帮扶，分别于2019年上半年及下半年，进行开展结对帮扶慰问活动。一一走访入户，询问家庭情况，了解贫困根源，并向贫困群众宣讲扶贫政策、健康教育、个人卫生等相关内容，尼玛县人民医院共计帮扶44户、帮扶资金2.2万元。

【人民医院2019年负责人名录】

副院长：旺　加（藏，主持工作）

藏医院

【概况】 尼玛县藏医院是一所集医疗、预防保健、教学科研为一体的公立非营利性综合医疗机构。藏医院科室设置齐全，设有藏医外科、内科、外科、藏药制剂室等科室。可开展前处理、配制、粉碎等一系列制剂工作，现以治疗“类风湿”及“肝胆”“肠胃”等病为主。住院部设有30张病床，拥有B超、心电图、电子胃镜、全自动生化分析仪、X光机、眼科手术台等现代化医疗设备。2019年藏医院拥有专业技术人员20人，中级职称人员5人、初级职称人员4人。

【藏医院2019年负责人名录】

副院长：多吉切毛（藏、女，主持工作）

医疗保障

【概况】 尼玛县医疗保障局于2019年4月22日成立。行政编制有3名，1名正科和2名副科，2019年底有5名工作人员。

【农村医疗】 2019年，群众参加医疗保险3.16万人，基金收入1727.16万元，支出2164.32万元，2018年结余452.06万元，风险基金98.19万元。

【医疗救助】 重点救助对象为五保户、低保户、孤儿、重度残疾（一级、二级残疾），重点优抚对象、建档立卡贫困户。一般救助对象、低收入群体户（边缘贫困户）、困难残疾人（三级、四级残疾）。重点救助对象从县医保局对农牧民医疗总费用大病统筹资金中报销之后，剩余部分100%可在医疗救助资金中报销。一般救助对象从县医保局对农牧民医疗总费用大病统筹资金中报销之后，剩余部分85%可在医疗救助资金中报销。

【脱贫攻坚】 2019年，为全县9440人筹资18.88万元。落实贫困户看病就医医疗报销，市、县、乡分别执行95%、90%、75%的报销标准，全年救治贫困群众406人次，报销金额234.5819万元。实施贫困群众开通“绿卡”救治和“先住院后结算”救治政策，共为贫困户开通绿卡210张。主要以“精神帮扶为主物质帮扶为辅”，了解帮扶对象，鼓励改变现状的同时为帮扶对象帮扶折合6000元的物资。

【各项报销】 医疗保障局严格按照政策执行各项报销。全年农牧民大病统筹报销1776.26万元，受益人数3145人次，为17名患者申报大病保险。职工生育、城镇居民医疗报销4.42万元，为群众新型合作医疗报销外符合条件的农牧民群众进行申报医疗救助，全年医疗救助报销227.48万元，受益人数464人次，全年共开具“先住院、后结算”绿卡403张，受益403人次。

【医疗保障局2019年负责人名录】

副局长：措加琼措（藏、女,2019年4月任职）

社会生活

民　政

【概况】 2019年，尼玛县农村低保对象清退366户1410人，尼玛县享受农村低保723户2998人，享受城镇低保118户229人。2019年出台的“救急难”方案，向各乡（镇）下拨44万元临时救助备用金，建立临时救助备用金制度，由各乡镇人民政府对符合临时救助条件的人员实施，2019年，尼玛县民政局共救助临时困难群众72户、457人次，兑现救助金85.8万元。全年共发放特困人员供养资金44.29万余元。

【政策宣传】 积极开展惠民政策、非婚生子女、婚姻登记等内容的宣传，向尼玛县特困人员、低保对象等困难群众发放政策宣传册，介绍救助政策，保证每一户困难群众了解政策，做到社会救助政策公开透明。积极利用各宣传节点，开展民政惠民政策宣传，加大牧民群众政策知晓率。设立专职宣讲员1名，在尼玛县“牧民之家”进行法律宣传，内容为《中华人民共和国婚姻法》、非婚生子女等相关法律法规。

【项目建设】 2019年，为完善公共服务体系，解决民生难题，尼玛县民政局计划新建尼玛县未成年人保护中心项目、尼玛县改扩建及附属设施项目。

【集中供养】 尼玛县在县委和县政府的大力支持下，巩固和完善特困工作健康发展，保证特困老人在政治上得到关怀，在生活上得到关心，在精神上得到安慰，使老有所养、老有所乐、老有所医。尼玛县有55名享受集中供养服务的老人。

【社会福利】 2019年，尼玛县共有孤儿27名、事实无人抚养6名。3—5月，联动补贴共发放资金45177元。

【婚姻登记】 2019年共办理结婚登记308对，离婚登记47对，补领婚姻登记证23对，登记合格率100%。

【民政局2019年负责人名录】

局　长：洛　永（藏、女）

副局长：尼　玛（藏、女，2019年4月离任）

人力资源与社会保障

【概况】 2019年是尼玛县脱贫摘帽、决胜全面建成小康社会的关键一年，在县委、县政府的领导下，尼玛县转移就业工作以“引进来、走出去”的模式为主线开展就业扶贫工作。通过开展“送技下乡”“输送异地务工”“后进群众”教育培训来辐射群众转变就业观念，使“劳动光荣、勤劳致富”的思想深入人心。全县建档立卡贫困户共有劳力4831人，已完成县级岗位对接2820人，市级岗位对接共有劳力198人，全县非建档立卡实现就业755人，城镇居民实现就业95人。2019年累计组织召开专场招聘会7次，成功应聘 146 人。

【宣传工作】 尼玛县人社局加强空缺岗位信息搜集，依托党政网、尼玛县广播电视台、微信公众号平台、“尼玛县人才网”等定期向各乡镇及广大牧民求职者发布空岗以及政策等信息，本年度累计发布信息 50 余条，发放各类宣传资料 400 余份，同时制定《2019 年扶志、扶智教育培训方案》，学习劳动合同法、就业扶贫政策以及邀请老党员、老干部进行授课。2019 年对尼玛县不愿意外出务工、“等、靠、要”思想比较严重的 65 人进行集中教育引导，并通过集体组织劳务输出实现增收 20.495 万元。

【岗位开发】 根据市级要求，在全县开复工项目合同中通过附加“补充协议”将基建项目吸纳贫困群众就业政策做明确规定，项目主管部门与县转移就业组签订全县基建项目按投资总额每 100 万元吸纳 1 名贫困群众协议。全县依托建筑市场就业占比 16.6%，产业就近就地吸纳占比 26.9%，就业援藏劳务输出占比 3.3%，服务行业对接岗位 34.75%，人居环境整治带动 16.92%，对接本地企业解决 1.53%。在拉萨、那曲等地寻找保安、保洁、服务岗位 68 个。对接县城援藏综合体项目吸纳 27 名，并发放 2 个月工资 24.172 万元。在拉萨曲水县养护段对接就业 47 人，月工资 3600 元。组派县城易地搬迁点闲置贫困劳动力 15 名，担任厕所保洁员，月工资 2000 元，并在产业分红中拿出 36 万元作为全年工资保障。2019 年初，与各乡（镇）人民政府签订目标管理责任书，将技能培训、转移就业目标任务分解落实到各镇，工作职责落实到人。为确保有组织地开展就业工作，要求各乡镇必须有一名副乡长主管农牧民劳务输出工作，成立劳务输出站点，切实做到“政府引导、市场促进”的良好就业趋势，同时县级劳务公司通过大力搜集岗位，累计对接上岗 533 人。

【技能培训】 尼玛县建立未覆盖“一户一技”人员花名册，通过采用“订单定向式、送技下乡”的方式，已培训 362 人，其中贫困户 282 人，培训后就业 246 人，建档立卡贫困户培训后就业率 87.23%。尼玛县军仓乡县城易地搬迁点共组织 44 户建档立卡贫困户开展尼玛县首次“送技下乡”维修电工培训，培育劳务经纪人 3 名，2 名劳务经纪人通过自主创业，带动 59 人就业，创收 89.313 万元。建立县、乡两级技能培训人员跟踪服务台账，持续通过“以需定训、以岗定训”原则，县人社局签发至培训学校接纳 2 名工作人员监管培训质量，确保在整个培训过程中做到有人监督、有人考察、有人跟踪。5 月，对培训结束的餐厅服务员、客房服务员，县转移就业组与那曲普巴仓餐饮衔接，统一选派 11 人输送到异地务工。

【高校就业】 2019 年应届毕业生 57 人，实现就业 57 人，就业率为 100%。组织开展高校毕业生专场招聘会 3 次。9 月，组织全县未就业高校毕业生召开就业创业论坛，应聘大专以上文凭赴尼玛县电视台上岗 4 人，尼玛县总工会工作人员 2 人，县人民医院工作人员 2 人，同时招聘 7 名高校毕业生到基层就业服务平台工作，组织尼玛县 3 名高校毕业生创业者赴那曲参加“第一届创新创业大赛”并分别取得二等奖、优秀奖、鼓励奖的好成绩。选派尼玛县 4 名高校毕业生赴拉萨参加 SYB 培训，选派尼玛县 3 名高校毕业生赴辽宁参加电商培训，并通过多种渠道鼓励尼玛县高校毕业生参与“大众创业、万众创新”，尼玛县高校毕业生自主创业 6 人。

【人力资源与社会保障局 2019 年负责人名录】

县政协副主席、人社局局长：布　穷（藏）

副局长：格桑曲珍（藏、女）

退役军人事务

【概况】 尼玛县退役军人事务局 2019 年 3 月成立。已建成县、乡（镇）、村三级退役军人服务保障体系，组建尼玛县退役军人服务中心。按照习近平总书记提出的“五有”要求，切实将编制、人员、经费、办公条件等落实到位。辖区内乡镇、村退役军人服务站建站率100%，乡（镇）人员到位率100%，村退役军人服务站均落实村“两委”干部或驻村干部负责退役军人工作。

【政策宣传】2019年，为全面提升退役军人对就业创业政策的知晓率和了解掌握度，尼玛县退伍军人事务局在3月，综治宣传月里开展退役军人就业、创业政策宣传活动。主要宣传学历教育、就业、创业、职业技能培训，社会保险等优惠政策，帮助退役军人对自己应享受的各项优惠政策充分了解。

【脱贫攻坚】2019年，县退役军人事务局以开展退役军人信息精准统计工作为契机，再一次摸排退役军人领域建档立卡贫困户，4起针对建档立卡户草拟脱贫巩固提升措施，结合实际建立，贫困退伍军人与局干部职工结成对子，实行干部职工对各自联系对象每季度联系一次、每年帮扶慰问一次的常态化联系机制。

11月9日，县退伍军人事务局工作人员向适龄青年宣传参军入伍政策

【退役军人事务局2019年负责人名录】

副局长：尼　玛（藏、女，2019年6月任职）

乡 镇

尼玛镇

【概况】 尼玛镇平均海拔4600米，全镇区域总面积1.41万平方千米，东北接双湖县措折罗玛镇，西连俄久乡，南邻卓尼乡。全镇共有11个村（居）党支部和1个机关党支部，党小组62个，党员391名，其中正式党员388名、预备党员3名，积极分子25名、妇女党员86名、35岁以下党员236名（包括35岁），团员75名。2019年底全镇牲畜存栏189142头（只、匹），其中牦牛9711头，绵羊115271只，山羊63393只，马767匹。肉类总产量1284.16吨，奶类总产量1346.53吨，毛绒产量188.87吨。全镇实现国民生产总值8659.48万元，全镇务工收入777.57万元，农牧民人均可支配收入1.4558万元，人均现金收入9608.52元。

【牧业】 2019年底，各类牲畜存栏189142头（只、匹），新生仔畜成活59907头（只、匹），成活率89.7%，2019年出栏牲畜54692头（只、匹），出栏率28.92%。积极参与第七届畜产品展销会，累计销售额达2150余万元。

【生态补偿】 实施禁牧草场133.488万亩，实现草畜平衡面积1045.78万亩，兑现草补资金2068余万元。依托市、县在尼玛镇2村、3村、4村开展的万亩千畜项目，积极探索草场流转，2019年流转草场1.1811万亩，草场承包户直接受益35.433万元。

【经济合作社】 按照“扶大、扶优、扶强，大中小并举”的原则，全镇经济合作组织正常运营14家，实现收入147.43余万元。

【教育事业】 尼玛镇实施发展均衡教育，抓好控辍保学主体责任，全镇适龄儿童少年778人，小学553人、初中225人、高中81人，入学率达100%，全镇在读大学生54人。

【宣传工作】 2019年，各村（居）共开展58次文艺活动，共参演196人，观看群众达2350人次。尼玛镇已建成11个村（居）“牧家书屋”，1个“寺庙书屋”，共收集图书8100多册，各种光盘298多张，报刊20余种，镇文化站每周免费开放四次，每天开放时间6小时。

【卫生事业】 尼玛镇有力推进“三个一批”工作，60岁以上慢病患者30人，大病患者人数37人，已救治37人，既是大病又患慢性病人数12人，60岁以上大病患者8人，慢性签约服务173人，随访服务173人次。

【民生保障】 全镇低保户116户，526人共落实低保资金113.26万元，五保户20户22人，集中供养6人，分散供养16人，落实五保户生活补助资金13.64余万元。2019年尼玛镇新农保参加人员2647人，参保率100%。收缴保险金18.53万元，落实60岁以上老人新农保资金85.59万元。全年实现劳务输出3498人次，实现增收991.76

余万元（其中建档立卡贫困户313人次，实现增收214.19万元）。

【生态环境】 尼玛镇始终把生态环境保护放在首位，严守生态保护红线，全面推进“河长制”“湖长制”。完成“河长制”组织体系建设，设立12名乡镇级河长、12名村（居）级河长，累计巡河48次。强化生态环境治理，结合村容村貌整治活动，在镇政府周边及各村（居）开展生态环境治理，整治“脏乱差”、留住“洁净美”。

【精准扶贫】 2019年，坚持“六个精准”“五个一批”“4+6”工作思路，深入开展“精准扶贫、精准脱贫”工作。2019年全镇11个村（居）退出贫困，消除绝对贫困292户1277人，贫困发生率从26.5%降低到0。全镇“一乡一社”“一村一合”达到12家，2019年“一乡一社”实现收益51.95余万元，分红41.95余万元；“一村一合”实现收益95.48余万元，分红77.42余万元。扶贫综合楼分红1.08万元、物流仓储分红2.2万元、万亩千畜分红1.72万元。全镇安排生态岗位1708人（建档立卡贫困户人口723人，低收入户985人），其中生态环卫管护员66人，兑现生态岗位资金637.4万元。共对全镇贫困劳动力培训140人次，转移就业259人，累计收入186.51万元。在市、县、镇开展的结对帮扶活动中，干部群众及致富带头人共413人帮扶贫困群众2722次，捐款、捐物折合人民币39.79万元。新建村（居）组织活动场所建设项目8个，已全部投入使用，2019年全镇为存在饮水安全问题村（居）及牧户修建215座微型机电井、1座大型机电井、2座大口井，村（居）饮用水，水质达标率达99.7%。

【强基惠民】 2019年，镇党委和政府精心组织、周密部署，把握重点、突出特色，紧密结合驻村“七项任务”做到“四个坚持”，联系服务群众投入全身心。驻村干部扑下身、沉下心、扎下根，做到与基层干部群众同吃、同住、同学习、同劳动，坚持“四个在一线”，使党的惠民富民政策在一线落实、基层困难问题在一线解决、党员干部在一线锻炼、为民宗旨在一线践行，坚持“五进农家”，让党员干部进农家、惠民政策进农家、法律法规进农家、科学技术进农家、文明新风进农家。

【尼玛镇2019年负责人名录】

县委常委、镇党委书记：达瓦欧珠（藏）

镇党委副书记、镇长：陈二峰

申亚乡

【概况】 申亚乡位于尼玛县南部，与尼玛镇、卓尼乡、卓瓦乡及申扎县下过乡接壤，平均海拔4700米以上，下辖6个行政村，57个自然村，全乡共有560户、2127人，主要以牧业为主。2019年，农村居民人均纯收入1.0179万元；全乡经济总收入3838.84万元，其中第一产业1253.13万元，第二产业280.77万元，第三产业2304.94万元；纯收入1847.65元/人，现金收入6396.86元/人，人均收入9169.48元。

【脱贫扶贫】 申亚乡精准扶贫建档立卡贫困户144户561人，易地搬迁户74户301人，其中2019年脱贫23户95人。年度共计分红35.4万元，其中不包括牲畜照看费、草场租金。

【人大工作】 2019年，申亚乡人大共修改乡规民约15条，召开人大会议2次，定期针对乡政府工作进行监督管理，组织人大代表民法典培训1次，培训人数40人次，开展第七次西藏工作座谈会3次。组织召开乡人大代表业务培训会3次。

【生态环保】 2019年，申亚乡保护区附近没有新增污染型企业，集中式饮用水源地取水质达标率98%以上。空气环境质量达到二级标准，优良天数320天。

【牧业生产】 牧业生产经营服务水平不断提升，

组织化程度进一步提高。共有牧业生产作业经济合作组织6个。

【教育事业】 2019年，申亚乡人民政府要求学校严抓教学质量，严格教学秩序，严肃教学纪律，使申亚乡完小不断正规化、规范化办学，极大程度的提高办学质量。2019年入学率、升学率、控辍保学率均达到100%。

【文化事业】 2019年，申亚乡文化站正式投入使用。“牧家书屋”免费开放读书活动48次，同时全年重大节日共组织开展7次文艺演出，共开展文化骨干业务培训3次，针对文化市场检查4次，文化执法4次。

【医疗卫生】 2019年，居民健康体检主要针对农牧民建档立卡，对包虫病及风湿性疾病、肝病、结核病、慢性病等进行全面检查，共检查215人。每月更换一次健康教育宣传栏内容，发放健康教育资料，覆盖率70%以上。宣传预防包虫病、艾滋病、结核病，安全饮食用药等共29次，参与群众1722人，发放宣传资料共1500余册，制作健康教育展板9个。

【社会保障】 2019年，参加农村新型合作医疗参合率100%，参加农村社会养老保险1099人、参保率100%，享受居民最低生活保障341人。

【基础建设】 2019年底已基本实现村村通电话、村村通公路，卫星电视下发100余套，覆盖率达100%。尼申公路项目已完成50%，申亚至卓瓦一

2月18日，县农行申亚乡营业所开展流动金融服务活动

4月11日，县农行申亚分行举行钻石卡村挂牌仪式

标段完成50%。易地搬迁集中点32套，分散点6套已全部完成，扶贫商品房共计8栋，总投资1000万元全部完成。高海拔暖棚16套，全部完成。危房改造共计46套，完成50%。村委会项目5套，完成60%。机井2个，全部完成。

【申亚乡2019年负责人名录】

乡党委书记：田 梁

乡党委副书记、乡长：次吉卓嘎（藏、女）

卓瓦乡

【概况】 卓瓦乡驻地多木热村，距县城150千米。全乡草场面积378.95万亩，辖6个行政村。卓瓦乡东与申扎县下过乡、卡乡相接，南望吉瓦乡，西邻卓尼乡，北靠申亚乡，平均海拔4700米。

【脱贫攻坚】 为大力推动贫困村脱贫攻坚工作，为全乡6个行政村每村选派两名副职以上干部担任包村干部协助各村开展脱贫攻坚工作。卓瓦乡建档立卡贫困户劳力364人，其中可流动劳动力93人，不可流动劳动力271人。卓瓦乡共有易地搬迁95户442人，其中，羊八井搬迁14户64人，尼玛县县城集中搬迁47户216人，乡政府周边集中搬迁21户104人、分散搬迁13户58人已全部完成入住。

2019年生态岗位812人，兑现资金284.2万元。其中建档立卡户生态岗位325人，兑现资金

113.75 万元，非建档立卡贫困户生态岗位 487 人，兑现资金 170.45 万元。

【文化】 加强文化阵地建设，6 个行政村都有“牧家书屋”，并配 1000 册以上的图书，有专人负责，全天候对外开放。组织小分队到村开展健身文体进农家宣传表演活动、老年人才艺展示、学生才艺展示活动。全年共放映电影 15 场次。

【卫生】 卓瓦乡建档立卡贫困户总数 740 人，其中已体检 740 人，体检率达 100%。开展健康教育宣传 25 次，受益群众达到 2860 人次。（宣传内容包括“三个一批”、合作医疗、包虫病、一孩双女、地方病、食品药品安全、传染病等）。卓瓦乡育龄妇女 368 人，孕产妇 36 人，住院分娩总人数 36 人，其中顺产 33 人，难产 2 人已转到上级医院。无孕产妇死亡，新生儿死亡 1 人。

【生态环保】 2019 年，共组织环境集中整治活动 15 次，参与人员 1000 余人次，出动车辆 50 余辆，清扫路面 100 多千米，治理 12 条河流湖泊垃圾，清除垃圾共计 30 余吨。全乡环境安全隐患排查 6 次，水源地保护检查维护 4 次，施工领域环境检查 3 次，污染防治检查 7 次。结合“6・5”世界环境日、“五五”普法等活动，利用宣传标语、宣传栏、发放宣传资料等多种形式，广泛宣传有关环境保护的法律、法规。各村宣传环境保护知识 5 次，通过组织环境整治活动宣传 4 次，发放宣传单 300 余份，张贴标语 15 幅，悬挂横幅 10 条，受教育群众 1000 余人次。

7 月 25 日，县农行工作人员给学生发放社保卡

【人大工作】 2019 年 5 月 28 日，召开卓瓦乡第十二届第四次人大代表会议，7 月 15 日卓瓦乡人大主席团组织县级、乡级、村级人大代表，对 6 个行政村进行为期 6 天的调研工作，主要调研脱贫攻坚以及扶贫资金落实情况等专项工作，将发现的问题反馈给乡人民政府和乡脱贫攻坚指挥部，并提出整改意见。8 月 6 日组织 10 名县级和乡级、村级人大代表，邀请乡政府项目主管和项目监理员，对乡内所有项目进行调研，对施工方项目建设过程中有问题的及时与乡政府沟通并限期整改。

【卓瓦乡 2019 年负责人名录】

乡党委书记：朱新国

乡党委副书记、乡长：罗桑土丹（藏）

吉瓦乡

【概况】 吉瓦乡东与那曲市申扎县相接，南望日喀则市谢通门县，西邻日喀则市昂仁县，北靠卓尼乡和卓瓦乡。辖区面积 0.33 万平方千米，距县城 164 千米，全乡辖 7 个行政村，28 个自然村，1 个卫生院，1 个文化站，1 个兽防站，1 所初小。2019 年底，全乡共有 146 户，总人口 1922 人，主要以牧业为主。

【教育】 吉瓦乡对 11 名疑似残疾适龄儿童进行残疾鉴定工作，确保不是教育三类残疾的适龄儿童全部随班就读，经鉴定符合开展送教上门适龄儿童 2 名，其余人员已全部上学，入学率达到 99.6%。吉瓦乡党委、政府通过联系西藏天路股份有限公司，为吉瓦乡小学购买一辆长城牌四驱皮卡车。

【转移就业】 吉瓦乡建档立卡贫困户劳力共计 330 人，截至 2019 年底，已实现就业 165 人，累计实现增收 89.38 万元，其中可流动性指标 129 人，已就业 129 人，任务完成率 100%。累计增收64.36万元，不可流动性201人，已就业36人，累计收入25.02万元。将“扶志扶智”思想教育贯穿始终，乡教育培训班接收6名群众进行扶志教育，另有5名学员在县“牧民之家”接受“扶志扶智”教育培训，培训指标共计93人，截至2019年底，已完成培训93人，培训后实现就业43人。

【社会保障】 2019年，吉瓦乡有低保贫困户66户242人，特困供养户5人，残疾99人，孤儿4人，并对以上“四类”社会保障对象建立“一人一档”，进行跟踪服务管理。对低保贫困户共兑现低保资金151.16万元，对特困供养户兑现生活补助金12.61元，对残疾人兑现“两项”补贴共计50.98万元，对4名孤儿兑现孤儿补助共计4.86万元，其中3名孤儿送往那曲市孤儿院。截至2019年底，对56名贫困群众实施医疗救助，兑现救助金12.04万元。

【卫生】 乡卫生院对576人进行健康体检，因体检时部分人员在外地没能检查的人员由乡政府给予体检费补助（300元/人次），确保吉瓦乡贫困户健康体检率达到100%，吉瓦乡7个行政村开展巡回医疗送医送药活动，全年累计免费义诊农牧民800人次，免费发放药品累计金额2.1万余元。开展健康扶贫“三个一批”救助工作。其中，大病集中救治8人，慢病签约38人，随访服务590人，建档立卡贫困户签约服务完成率为100%。

【政策宣传】 吉瓦乡对非建档立卡贫困户进行脱贫攻坚政策宣传，其中动用团组织经费2.1万元，每村2名团员，全乡共14名团员对口140户非建档立卡贫困户进行脱贫攻坚政策宣讲。动用妇联经费2.1万元，对非建档立卡贫困户进行脱贫攻坚政策宣传，由各村妇女主任带头对本村妇女进行2次全覆盖的学习。投入3.99万元助推脱贫攻坚，每名人大代表对口15户非建档立卡贫困户，全乡共覆盖315户非建档立贫困户进行脱贫攻坚政策宣讲。投入2.1万元、每村补助3000元，作为夜校培训经费。

【文化】 吉瓦乡文化站努力开创牧区文化工作新局面，大力发展“牧家书屋”，切实加强文化资源的保护和利用，规范培育文化市场，繁荣文艺创作，坚持寓教于文、寓教于艺、寓教于乐，培养群众崇高思想、美好心灵、纯洁情操、高尚人品，丰富群众文化生活，满足人民群众日益增长的文化生活需要，提高全乡群众的道德素质和文化素养。

【吉瓦乡镇2019年负责人名录】

党委书记：汤　毅

党委副书记、乡长：索朗群培（藏）

卓尼乡

【概况】 卓尼乡位于尼玛县南部，平均海拔4800米，距县城109千米，全乡共辖6个行政村、66个自然村，2019年底总人口2048人，总户数429户，乡完全小学1个，幼儿园2个（其中来差村有1所幼儿园），寺庙1个。全乡总草场471246.66公顷，可利用草场304905.69公顷。全乡实现生产总值3084.44万元，同比增长15.4%，农牧民群众人均收入9779.564元，同比增长11%。全年共兑现草补资金960.6468万元，其中落实禁牧补助资金577.3415万元、落实草畜平衡补助资金383.2904万元、落实村级草监员14.58万元。

【农牧】 2019年，年初接羔育幼期间卓尼乡农牧服务中心工作人员多次对6个行政村进行牲畜巡诊，巡诊率达到100%，入户率达85%，幼畜成活率不低于90%，死亡率控制在3%以内。2019年底共有牲畜63369（头、只、匹），新生仔畜17356（头、只、匹），成活率91.6%。群众自食、销售共5790（头、只、匹），出栏率25.3%，死亡636（头、只、匹），死亡率1.48%。

【脱贫攻坚】 2019年卓尼乡建档立卡贫困户141

户620人已全部脱贫摘帽。2019年共计收入91.5万元，实现群众分红68.498万元（140户641人），“一村一合”初见成效，共投资120万元，组建6个行政村合作社，2019年末共计收入6.75万元。生态岗位人员665人，其中建档立卡贫困户生态岗位有280人，全年共兑现补助资金232.75万元。2019年，乡政府与县扶贫办、教育部门积极沟通衔接，实施精准的教育救助，落实教育帮扶资金，2019年共有建档立卡贫困大学生5名，帮扶资金2.299万元。2019年卓尼乡建档立卡贫困人员参加市、县各类技能培训13人，同时加大劳务输出，建档立卡贫困户全部安排到修路、修水井、人工种草以及外出务工等项目建设中，增加现金收入。2019年全乡党员干部现金帮扶7.35万元、县级对口帮扶10.6万元，全年共帮扶各类物资折合人民币17.95万元。

【教育】 2019年，国家投资1000余万元，对卓尼乡完小进行改扩建，新建教室、足球场、学生宿舍等，年底已全部投入使用，极大地改善卓尼乡完小的教学环境和师生的住宿条件，全乡义务教育入学率达到100%。

【文化】 加大文化站健身器材建设配套，完善文体设施，在乡政府开办文化书屋，自治区图书馆所捐赠图书种类、数量基本满足干部职工业余文化需要。充分发挥文艺编排优势，在“3·28”、七一、国庆等重要节日举行一系列群众性娱乐活动。

【医疗卫生】 卓尼乡卫生院医务人员大力加强行业作风建设，着力提高医疗服务水平，努力构建和谐医患关系，在上级的支持与帮助下，卓尼乡医疗条件得到明显改善。同时，乡卫生院加强常规疫苗接种、宣传救治、健康扶贫、优生优育工作以及免费义诊活动，全年免费看诊群众1230余人次，免费发放价值3940元的药品。

【社会保障】 2019年，对全乡所有人进行社保卡采集基本信息录入，建立健全高龄老人生活补贴、残疾人等弱势群体关爱服务体系，农村最低生活保障、孤儿基本生活费标准继续调高。2019全年来，共兑落实“三老”人员补助6.304万元，发放离任村干部补贴1.3364万元，发放残疾人“两项”补贴18.96万元，发放村人医、兽医补贴9.6万元，兑现60岁以上养老金24.8123万元。

【卓尼乡2019年负责人名录】

乡党委书记：次旦罗布（藏）

乡党委副书记、乡长：曹文博

甲谷乡

【概况】 甲谷乡位于尼玛县西南部，辖区面积850平方千米，主要以畜牧业为主，辖7个行政村及38个自然村，2019年全乡总户数696户2459人。2019年，农村居民人均纯收入1.15477万元，实现城镇就业130人。截至2019年底，参加城镇失业保险130人，参加新型农村养老保险1206人，已领取养老保险待遇124人，有374人得到政府最低生活保障金。

【精准扶贫】 甲谷乡牢固树立“精准脱贫，产业先行”的理念，立足实际，凸出优势，及时落地一批产业项目，以产业带动建档立卡贫困户就业和增收。“一乡一社”产业项目实现收入24.386万元，分红10.02万元。甲谷乡扶贫门面房项目实现收入8.73万元。

【生态环保】 甲谷乡各包村干部全部下乡监督和支持所包村的环境整治工作。乡主要领导定期对全乡村环境整治状况进行全面性、阶段性检查验收。并对各村工作进行排行打分，及时下发通告，对工作进度快、表现好的村给予表扬，对进展速度较慢的村提出整改意见。

【农牧】 甲谷乡7个行政村完成动物重大疾病羊痘的疫苗接种，此次羊痘疫苗接种共计33669只，其中过扎村绵羊2689只、山羊2510只，达热村绵羊4177只、山羊2463只，东隆村绵羊1514只、山羊1753只，曲米村绵羊2813只、山羊803只，折乡村绵羊2312只、山羊1922只，载那村绵羊4010只、山羊7172只，吉松村绵羊1974只、山羊1567只。将秋季“口蹄疫”疫苗11箱共550瓶分发至7个行政村。

【教育】 2019年甲谷乡制定“甲谷乡2019年控辍保学”工作实施方案和党政领导联系学校制度，驻村干部根据党委政府的工作安排，进村入户做控辍保学工作。

【文化】 甲谷乡文化站开展“新旧西藏对比”“讲党恩、听党话、跟党走”等主题宣传教育活动。借助各种重大活动、重大节日，以喜闻乐见的形式，广泛开展爱国主义教育、民族团结教育、法制宣传教育。大力开展“四讲四爱”群众教育实践活动、党的十九大精神和习近平新时代中国特色社会主义思想宣讲工作，全乡共成立宣讲组10个，涉及30人，发放宣传材料共238余册，开展宣讲68次，受教人数达2100余人次。

【综合治理】 甲谷乡在全乡范围内形成综治工作齐抓共管的工作格局。针对综治工作，共签订社会治安综合治理、禁毒、安全生产、消防安全、扫黑除恶等责任书。加大协调力度，充分发挥甲谷乡平安建设办、派出所、驻村工作队及村委会作用，突出派出所干警、综治人员在综治工作中的主力军作用。加大培训力度，对全乡治安联防人员进行业务培训，提高业务人员的统防、技防水平。围绕乡党委、政府创建平安甲谷的思路，7个行政村广泛动员，认真宣传，制定工作方案，保证平安甲谷的创建活动延伸到各村，扩大创建活动的实效性和社会覆盖面。

【甲谷乡2019年负责人名录】

乡党委书记：冉　军（2019年任职）

乡党委副书记、乡长：洛桑多吉（藏）

达果乡

【概况】 达果乡位于尼玛县西南部，平均海拔4700米，距县城157千米，行政区域面积587.63万亩，辖2个行政村和1个居委会，全乡共有牧民群众467户1947人，共有草场面积287万亩，其中禁牧面积89.9万亩。截至2019年底，全乡牲畜存栏总数47980头（只、匹），折合绵羊单位5.26万头（只、匹）。全乡享受草补资金共349户1898人。全乡享受农村最低生活保障共25户124人，发放资金147497.75元，残疾47人，发放“两项”补助资金9万元。

【精准扶贫】 2019年达果乡共有脱贫110户465人，实现全部消除绝对贫困，并通过第三方验收和区、市交叉验收。全乡共有129余人参加各级技能培训。依托“一乡一社”、外出务工等机会，组织群众到建筑工地、道路建设、危房改造等工程项目进行务工，全乡劳务输出82人，总收入23万元。通过“贫困户自愿申请、村委核实、村民大会评议、乡政府入户核查”等方式，实施易地搬迁80户301人。易地扶贫搬迁房项目修建完毕后建立《易地搬迁房屋管理制度》，易地搬迁房屋全部修建完毕且全部完成入住。全乡共290名在校生，其中建档立卡在校生176人，全部享受“三包”政策。乡辖区初小附属幼儿园教学楼建设工程已全部建成并投入使用，2019年共帮助

2月3日，达果乡召开党建促脱贫攻坚工作部署会

6名建档立卡大学生兑现补助资金7000元。乡卫生院多次宣传医疗健康知识，为贫困户建立健康档案652份；完成建档立卡人员家庭医生签约服务工作，确定患病需救治的49人，其中大病集中救治14人，慢性病35人，全部通过乡卫生院及县人民医院救治。制定生态岗位人员岗前培训方案、岗位管理办法、签订目标责任书，每年对生态岗位人员履职情况进行考核，安排生态岗位631人，发放资金220.85万元。新型农村社会养老保险制度实现全覆盖。

【农牧业】 2019年底，全乡牲畜存栏总数折合绵羊单位5.26万，其中，牦牛4789头、绵羊19939只、山羊23073只，马179匹。牦牛出栏957头、绵羊出栏6132只、山羊出栏6806只、马出栏6匹。全年肉产量506.15吨，其中牛肉213.5吨，羊肉292.65吨；奶类产量181.32吨，其中牛奶20.62吨，羊奶160.7吨；羊毛产量21.63吨，羊绒产量6.86吨，牛毛产量1.85吨，牛绒产量3.64吨。完成了达果乡二村4个蔬菜大棚项目建设，并计划于2019年投资50万元，新建6个大棚建设项目。2019年种植各类农作物共27.03公顷，农作物总产量162.19吨，其中粮食总产量86.79吨，蔬菜总产量51.80吨，其他作物23.6吨。

【人大工作】 达果乡人大主席团切实加强监督管理，统筹协调并具体组织由乡人大代表组成或参与的各村及乡巡回宣讲组，做好脱贫攻坚政策宣讲工作，并以此为工作抓手，充分调动和激发人大代表依法履职的主动性、积极性，逐步推动乡人大工作。宣讲工作要把引导牧民群众树立合理的观念、“三个专项”斗争、控辍保学促教育均衡、“扶志扶智”教育和非婚生子女专项治理等工作内容作为宣讲工作重点，并将主要精神完善充实到村（乡）规民约中，加强群众的法制意识，提高其综合素质，健全完善村（乡）规民约工作。不断提高代表履职能力，进一步发挥人大代表的作用。精心组织乡人大代表开展履职培训，不断提高人大代表执行职务的意识和履职能力。利用人大代表先进性、广泛性的优势和特点，组织乡人大代表到村（居），对群众关心的热点、难点、疑点问题开展视察调研。

【环保综合】 达果乡人民政府与各村（居）签订2019年环境保护目标责任书3次，开展环保工作部署会议、宣传等8次，开展各类环境卫生整治、大扫除11次。

【教育事业】 2019年达果乡适龄儿童在校生290人，适龄儿童残疾生9人，随班就读生1人，在外借读生50人，高中生29人，乡小学88人，县二小130人，村幼儿园8人，初中84人。

【医疗卫生】 全乡1906人，建档立卡156户638人，育龄妇女927人，65岁以上老年人68人，

3月4日，达果乡开展牲畜清点工作

7月1日，达果乡组织全乡职工，开展“升国旗，奏国歌”活动

11月6日，达果乡党委书记罗金林（右二）牵头到寺庙，检查安全生产工作开展情况

其中建档立卡户18人。0—6岁儿童人数336人，计划免疫134人次，2019年出生人数48人（住院分娩40人）、重症精神病患者2人，残疾人45人，现有劳动力1191人，2019年包虫病患者19人。2019年乡卫生院从县卫健委中心仓库提取27.3126万元药品，配发至各村卫生室。2019年乡诊门接待诊患者3986人次，住院人数80人次，开放病床11张，床位使用率为100%，卫生院走村入户组织医务人员为68名65岁以上老人进行测血压等送医疗健康服务。对全乡建档立卡贫困户开展“家庭医生签约服务”工作。“家庭医生”签约率已达到100%。开展“健康扶贫政策”绿卡、“先住院后结算”、“报销流程”、“两降一升”、“计划生育特别家庭补助政策”、“住院分娩政策”、“预防控制包虫病健康宣讲”、“羌塘行健康教育活动”、“健康素养66条”为主题的健康知识普及内容广泛，宣讲次数23次，宣传受教育人数2575人次，活动发放宣传资料1500余份。

【安监管理】 2019年与各村（居）委会、乡直各单位、各企业、商户签订安全生产目标责任书、预防道路交通事故目标管理责任书、2019年零散成品油销售管理责任书、尼玛县消防安全目标管理责任书共20次，对食品药品领域、道路交通领域、消防安全领域、建筑施工领域、散装油销售点共进行38次安全检查，检查出安全隐患12次，

12月4日，达果乡派出所警务人员前往边境自然村开展法治宣传活动

整改率100%。针对各节点共开展18次安全生产专题部署会议，针对校园、各村（居）、寺庙、乡职工开展学习宣传安全生产知识13次，针对校园、散装油销售点开展安全演练3次。

【社会保障】 达果乡农村低保户45户，保障人口199人。2019年农村低保共计发放保障金41.3062万元。城镇低保户5户，保障人口10人，2019年城镇低保发放共计3.1762万元。全年共计五保户11户。为4名困难失能老人发放保障金额2400元，为2名高龄老人发放补贴1200元，为3名18岁以上在校孤儿生活补贴每人发放9720元，共计发放保障金额2.9160万元。为15名重度残疾人每人发放生活补贴3600元，共计发放5.4万元。为30名困难残疾人每人发放生活补贴1200

12月20日，达果乡2019年“一乡一社”分红大会现场

元，共计发放 3.6 万元。

【达果乡 2019 年负责人名录】

乡党委书记：罗金林

乡党委副书记、乡长：次　杰（藏、女）

阿索乡

【概况】 阿索乡位于尼玛县西北部，东接俄久乡、西邻中仓乡、南靠文布乡、北毗荣玛乡，平均海拔 4800 米，面积 1.4 万平方千米。离县城 120 千米，是一个纯牧业乡，辖 4 个行政村 14 个自然村。牧业生产是主要经济来源，全乡共有 2100 万亩草场，其中可利用草场面积为 1110.9 万亩，禁牧草场 147 万亩。全乡共有 71 名干部职工，截至 2019 年底，全乡共有牧户 511 户、1949 人，全乡共有党员 242 名，预备党员 6 名，积极分子 12 名。截至 2019 年底，牲畜存栏 93995 只（头、匹），全乡建档立卡贫困户 152 户 560 人，享受农村最低生活保障 64 户 218 人，合作医疗覆盖率达 100%，新型农保参与率 100%。2019 年，全乡共实现生产总值 6206.13 万元，比上年增长 12.43%。截至 2019 年年底，第一产业完成 3512.84 万元、第三产业完成 2693.29 万元。2019 年，全乡劳务输出 258 人次，实现现金收入 467.87 万余元。市、县、乡先后组织农牧民技能培训 46 人次。野生动物肇事、牲畜自然死亡保险赔偿 15.4812 万元，出售酥油、奶渣收益 1.461 万元，合作社租草场给个人收益 0.83 万元，出售绵羊、山羊、牦牛头收益 0.58 万元。

【牧业】 2019 年底，阿索乡年末牲畜存栏 93995 头（只、匹）（其中牦牛 2709 头、绵羊 50236 只、山羊 40866 只、马 184 匹），接羔育幼阶段幼畜成活率 98.52%，共计成活 29386 头（只、匹），其中牛犊 730 头、羔羊 17092 只、幼畜山羊 11557 只、马 7 匹。全乡毛绒产量 39.99 吨、奶产量 220.42 吨、肉产量 508.71 吨。年度无发生任何重大动物疫情，各种疫苗接种率达 100%。

【教育】 全乡教育事业稳步推进，全乡适龄儿童入学率达 100%，初中入学率 99.9%。其中 0.1% 因生病未上学。

【文化建设】 2019 年以乡、村为单位举办夏季赛马节文艺活动，乡党委、政府每年举办规模较大的“3·28”西藏百万农奴解放纪念日庆祝活动，修建乡级文化站，开展赛马节等各类文化活动 12 场次，参与 4200 余人次，面向群众提供各种文化服务，全面实施数字电影进村、广播电视“村村通”。

【安全生产】 2019 年，根据各项安全生产会议部署要求及县应急管理局文件指示要求，阿索乡调整充实阿索乡安委会领导小组及双主任制度。全年共召开安全生产专题部署会议 7 次，安全生产季度部署会议 4 次。总结表彰会议 1 次。2019 年度实现安全生产各种安全事故为零。

【脱贫攻坚】 2019 年全乡兑现草补奖励资金 1065.99 万元，2019 年畜牧良种补贴兑现资金 72800 元，非建档立卡贫困户安排草场监督员 44 人，落实资金 23.76 万元，全乡安排生态岗位 656 人。2019 年“一乡一社”共计分红 300.28 万元，其中现金分红 80.06 万元，自食分红 220.22 万元（分红绵羊酮体 1562 只、山羊酮体 1407 只，绵羊酥油 574 公斤、山羊酥油 238.5 公斤，奶渣 822 公斤），折合人民币 220.22 万元。2019 年，阿索乡建档立卡贫困户 554 人，其中已体检 554 人，体检率达 100%，体检档案已全部归档。

【生态环保】 阿索乡成立环保工作领导小组，建立环境保护目标责任制，实行主要领导亲自抓、负总责，并实行政府组织，全民动员，确保创建目标顺利实现。

围绕“6·5”世界环境日、“4·22 地球日”等开展环保主题宣传活动，并在学校及各村开展环保宣传教育活动 6 次，采取多种形式对农牧民群众及青少年儿童进行环境教育，采取悬挂标语、配发环保宣传材料等形式，提高村民环境意识，促进群众养成良好的环保意识和卫生生活习惯，形成合力保护生态环境的良好氛围。加强对工程建设中影响环境的监督管理工作，开展工程建设期间及验收时增加环境验收审核环节，并及时发现问题，妥善处理问题，将环境保护监督检查工作列入重大事项督察范围，进一步完善各项制度和奖惩措施，做到责任到位、措施到位。针对资源开发、基础设施建设进行重点加强，在工地生产生活垃圾、建筑废料等的处理方面，作为监督检查的重点内容，将其列入工程验收的重要内容中。全面开展禁止“白色污染”工作，广泛宣传“白色污染”的危害性，使广大群众和个体经营户牢固树立节约资源和保护环境意识。每周五组织干部群众开展清扫白色垃圾以及各类生活垃圾的清扫填埋活动15次。完善对饮用水源的保护机制，采取积极有效措施，加强对饮用水源的监督管理，确保水质安全。

【文化建设】 阿索乡文化站实行免费开放，并积极宣传动员广大群众走进文化站。2019年阿索乡组建4支文艺队共70人。在重要节日组织各村文艺队进行文艺表演及各种游戏活动。全年累计组织开展各项文化活动30余场次。按期完成“户户通”工程建设任务579户，阿索乡“户户通”已完成安装579户。

【强基惠民】 阿索乡用藏语、汉语向群众宣传保持土地草场承包关系稳定长久不变的政策4场次，受教育群众369人次。协助开展全村植树种草、整治脏乱差、建设美丽乡村活动5次，参与群众240人。向群众宣传推进荒漠化、沙化、水土流失综合治理，强化湿地保护和恢复，扩大退耕还林、退牧还草、人工种草，加强地质灾害防治，加强草原鼠虫害和毒害草防治宣传，组织保护雪域高原等活动6场次，参与群众362人次。依法宣传推广国家通用语言文字3场次，向农牧民开展普通话培训班5次，参与人数380人次。宣传免费教育政策和就业创业优惠政策3场次、覆盖群众197人次，农牧区高校毕业生积极参与大众创业、万众创新1人。

【阿索乡2019年负责人名录】

县人大副主任、乡党委书记：杨雪斌

乡党委副书记、乡长：仁增江村（藏）

荣玛乡

【概况】 荣玛乡位于尼玛县北部，东临双湖县，南与俄久乡、西与阿里地区改则、北与新疆维吾尔自治区接壤。属羌塘国家级自然保护区境内，乡驻地离尼玛县城187千米，荣玛乡辖2个行政村，10个自然村，总面积4.6778万平方千米。2019年荣玛乡总人口266户1208人，全乡牲畜总头数48055头（匹）。2019年底经济总收入为2907.13万元，其中第一产业收入1301.53万元、第三产业收入1605.60万元，人均收入14583元。

【教育】 荣玛乡小学生有131人，初中生有84人，有6名老师，搬迁以来荣玛乡学生的入学率和升学率得到提高，同时学生的精神风貌也有一定的提升，学校在国家的优惠政策下实行学生“三包”政策。

【脱贫攻坚】 2019年为进一步确保精准脱贫工作取得成效，荣玛乡按照干部结对帮扶要求，全乡84户建档立卡贫困户都覆盖县、乡级的“三对一”“二对一”“一对一”的帮扶，结对帮扶贫困户84户，共计帮扶次数168次，帮扶物资折合人民币11万元。84户343人建档立卡贫困户中，可流动性劳力72人，不可流动性劳力122人，2019年培训计划9人，实现长期就业62人，实现收入2.6389万元，短期就业238人，实现收入27.2118万元。

【人大工作】 2019年为进一步提高荣玛乡人大政治理论水平和履职能力，乡组织代表学习“不忘初心、牢记使命”主题教育，学习“宪法”，学

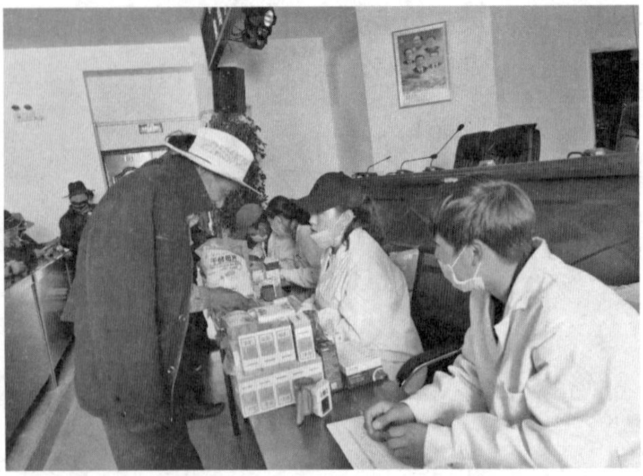

8月4日，荣玛乡搬迁点卫生院开展健康扶贫送药活动

9月28日，荣玛乡搬迁牧民群众开展庆祝中华人民共和国成立70周年活动

习习近平新时代中国特色社会主义思想，学习全区人大工作座谈会精神。为确保人大调研工作的实效性，邀请项目负责单位的领导参与项目调研工作，对全乡2019年重点项目实施情况进行调研；对安全生产和环境保护工作进行监督检查；对精准扶贫、精准脱贫工作、民生资金落实情况和优化发展环境工作开展调研。充分运用人大之家，组织人大代表认真开展学习培训活动。学习重点围绕中央、区、市、县重大会议指示精神，每次学习要求人大代表撰写心得体会，培训内容重点围绕《中华人民共和国宪法》《中华人民共和国监督法》《中华人民共和国选举法》《中华人民共和国代表法》《中华人民共和国组织法》《中华人民共和国预算法》等与人大业务息息相关的法律法规知识，切实提高人大代表依法行使职权能力。

【生态环保】 2019年，荣玛乡环保工作在县委、县政府的领导下，加强组织领导和环境保护工作安排，坚持把围绕中心工作、服务大局和提升影响力作为环境保护工作的根本要求，层层落实责任，责任落实到人，以各村第一书记、各直属单位负责任人为第一责任人。围绕“6·5”世界环境日、“4·22地球日”等开展环保主题宣传活动，并在荣玛搬迁点及各村开展环保宣传教育活动，采取多种形式对群众进行环境教育。组织搬迁群众积极参与每周二和周五的大扫除活动，共同改善荣玛乡环境卫生，同时做好相应整改工作，积极响应国家环境保护政策，学习相关环境保护政策，共创绿水青山。2019年荣玛乡共开展4次环境卫生宣传活动，进行104次环境卫生整治活动，参与人员24960人次，悬挂横幅4条，发放宣传手册100余份，环保袋300余个。

【文化建设】 全乡共有6名乡文化站工作人员，文化场所1个，村级文工团20人，“牧家书屋”1个，结合荣玛乡要求开展“我的中国梦——文化进万家”活动，积极组织开展节日文化、广场文化、社区文化等活动。做好庆祝中华人民共和国成立70周年等重大节庆活动。深入贯彻落实习近平总书记关于文艺工作的重要讲话、重要指示精神和党的十九大关于繁荣文艺创作的部署会议精神，坚持以人民为中心的工作导向，努力推出更多讴歌党、讴歌祖国、讴歌人民、讴歌英雄的优秀艺术作品。深入农村、企业等基层一线，挖掘优秀传统文化，精心谋划打造一批文艺精品，优秀精品剧目2个。重点实施牧家乐、牦奶牛养殖基地建设工程，配齐文体器材，实施搬迁点公共文化服务设施的建设与补齐工程。开展“扶志扶智”文化创作活动，大力实施文化扶贫专场惠民演出。

【医疗卫生】 荣玛乡为切实保障广大群众的身体

10 月 7 日，荣玛乡搬迁点组织群众收青稞

10 月 9 日，西藏广祺实业有限公司对尼玛县荣玛乡搬迁点学生进行助学捐赠仪式

健康，在拉萨广升医院和尼玛县人民医院为群众健康体检率达 100%，按照“一人一档”的要求、规范建立健康档案。结合荣玛乡实际患病情况，建档立卡贫困户中患慢病 16 人，共救治 19 人次，总费用 3.2495 万元。2019 年搬迁群众的农牧民免费合作医疗保障转移至堆龙德庆区，实行“先住院、后结算”的医疗政策，落实大病保险资金每人 20 元、就医住院报销金额最高可以申报 70 万元。荣玛乡卫生院建档高血压患者 49 人，并随访 3—4 次；肺结核患者 2 人，其中按时服药 1 人，随访 3 次；严重精神病患者 2 人，其中管理随访 2 人，随访次数 3 次；慢性病患者 45 人（包括建档立卡慢病），随访 10 次；孕产妇管理 42 人，其中建立母子保健手册 42 人，产前检查 42 人、产后检查 23 人、产后随访次数 69 人次；新生儿 23 人，无死胎死产。0—6 岁儿童保健管理 126 人，随访 3 次，发放营养包 22 人次。开展健康教育宣传 21 次，受益群众 1751 人次。2019 年住院分娩 23 人，待产 19 人，全部已建册。

12 月 4 日，荣玛乡搬迁点进行消防演练培训

【安全生产】 2019 年共召开有关安全生产工作部署会议 20 次，共检查食品、药品、消防等安全隐患 48 次，参与人数 560 余人。安全培训和消防演练 4 次。

【社会保障】 荣玛乡城乡居民基本养老保险参保缴费任务完成率 98%，人均缴费额 100 元。

【宣传工作】 驻村工作队组织各类宣讲活动 109 场次，到搬迁点入户宣讲 206 次，发放宣传材料 208 余份，受教育群众达 1729 余人次。实践活动共开展（50）场次，覆盖人数 1062 人次。

【荣玛乡 2019 年负责人名录】

乡党委书记：加央边久（藏）

乡党委副书记、乡长：肖红强

中仓乡

【概况】 中仓乡位于尼玛县西北部，距尼玛县城约 200 千米，南靠尼玛县军仓乡和阿里地区措勤县，西北邻阿里地区改则县，东连阿索乡。全乡行政区域总面积 1.43 万平方千米，全乡辖 8 个行政村，草场总面积 2137.5 万亩，可利用草场

1068.75万亩。全乡共有建档立卡贫困户189户711人，2019年全乡脱贫摘帽。2019年中仓乡农牧民人均纯收入1.1177万元。新型农村养老保险参保人数1569人，参保率100%，实际缴费1166人，全乡60岁以上享受养老金人数227人，共兑现养老金41.03万元，农村居民中低保户362人。

【畜牧业经济】 截至2019年，全乡牲畜存栏98317头（只、头、匹），其中牦牛3860头、绵羊53994只、山羊40138只、马325匹。乡经济合作组织暨新世纪奶牛养殖场以及各村“一村一社”，提高效益、科学养殖，完善项目利益联结机制进行讨论研究，坚持质量兴牧，做强肉制品、奶制品产业，实施现代畜牧业工程，形成科学养畜道路，推进肉制品、奶制品产业链发展。

【精准扶贫】 2019年中仓乡脱贫123户434人。2019年共计搬迁111户，入住111户。“一乡一社”“一村一合”累计为贫困群众发放红利10万余元，投资4000万元，已有36个商铺成功出租，其中三层酒店以每年20万元整栋出租方式租给三村经济合作组织，商业街所有租金已有30万元作为红利发放给200名建档立卡群众，人均分红1500元。全年输出劳动力1650余人次，组织贫困群众参加各级组织的劳动技能培训37人次，实现劳务收入122.5万余元，劳务输出成为农牧民群众快速增收的最有效途径。2019年全乡生态岗位共计931人，截至2019年12月30日，共兑现全乡生态岗位资金325.85万元。全年累计组织各类技能培训人员37人，转移就业254人，可流动性劳动力转移就业指标完成率100%，非可流动性劳动力转移就业指标完成率60%，安排村级环境管护员48人，均属于建档立卡贫困户。注重“扶志扶智”相结合，截至2019年12月30日，各类帮扶资金共计60余万元（含物资折算）。2019年全乡共有57户危房进行改造，其中1户进行另行选址重建，56户进行修缮加固，同时为全乡8个村免费发放30吨水泥，用于B级危房户自行修缮。

【社会保障】 农村社会保障体系管理更加规范，截至2019年底，社保卡一卡通发放率达到85%，部分正在办卡中。完成符合条件老人农保参保和认证工作，对全乡各村低保、五保农户进行认真核查，严格遵守通知要求，确保应进则进，应出则出。核查完成后，全乡有低保户99户362人，落实低保资金61.66155万元，五保户23人，其中集中供养8人，落实残疾人两项补助资金36.72万元。

【教育】 2019年乡完小新建的教学楼、宿舍楼正式投入使用，文化体育设施进一步完善，乡完小共有教师12名。2019年乡完小在校生183人，适龄儿童入学率100%，巩固率达到95%。

【卫生】 乡新建卫生院投入使用，现卫生院共有12名医师，同时各村实现标准化村级卫生服务室全覆盖，村级医疗卫生服务功能逐步完善，认真做好儿童卡证、登记册的管理工作。截至2019年12月30日，各类疫苗接种450人次（其中学生补接种乙肝疫苗92人次），规定疫苗接种率100%。孕妇产前检查65人，乡卫生院住院分娩19人，活产19人，住院分娩率达98%。开展为农牧民建立健康档案工作，对全乡农牧民进行大规模健康体检，查出慢性病145人、大病50人，其中建档立卡贫困户慢性病46人、大病21人，建立建档立卡贫困户健康档案703份。

【文化事业】 进一步扩充各村“牧家书屋”图书存量，丰富牧民精神食粮，那来村和夏隆村举行“赛马节”，对乡文化站进行修缮。

【生态补助】 按照草原生态保护补助奖励机制相关政策要求，2019年全乡达到草畜平衡户数为590户，超载户1户，共落实草补资金1471.622万元，落实草原监督员补助36.72万元。

【安全生产】 全面贯彻落实“党政同责、一岗双责、齐抓共管”的要求，抓好安全生产工作，持续推进隐患排查治理体系建设，以G317为首的道路交通、散装油销售点、危险化学品运输转存、建筑施工、人员密集场所、特种设备、食品药品等行业领域的检查。全年累计出动30余人次进行4次安全大检查，组织各类应急演练5次。

【生态环保】 2019年继续抓好环保和村容村貌建设工作，不断优化生态环境。开展“美丽中仓”创建活动，围绕全国污染普查，做好普查员培训、学习和污染源环境污染防治相关工作，开展垃圾分类和资源化利用工作，2019年全乡以G317沿线及政府驻地、村委周边为重点，累计开展各类环境综合整治5次，出动干部职工、双联户、牧民群众300余人次，各类垃圾转运车、推土机等12余台次。全面推行“河长制”，成立“河长制”办公室，配备1名专职工作人员，建立乡、村二级“河长制”组织体系，组织乡、村河长定期巡河、定期召开河长协调会，加强日常巡查，落实整改措施，确保“河长制”工作落到实处。

【中仓乡2019年负责人名录】

县政协副主席、乡党委书记：琼次仁（藏）

乡党委副书记、乡长：杨远洵

俄久乡

【概况】 俄久乡位于尼玛县城北部，距县城70千米，全乡平均海拔4800米，气候寒冷多风，群众居住分散。全乡有4个行政村、15个自然村，共有683户2764人，其中牧业户610户2676人，建档立卡贫困户163户700人，低保贫困户64户274人。全乡共有干部职工59名。生产生活主要以牧业为主，收入主要依靠牧业。全乡草场面积17663340.7亩，其中可利用草场16561383.76亩、禁牧面积1101956.94亩。全乡牲畜中牦牛4754头、绵羊80026只、山羊45217只、马624匹。2019年，全乡农村经济收入为5007.72万元，其中第一产业收入为2124.16万元、第二产业579.96万元、第三产业为2303.6万元。

【精准扶贫】 俄久乡立足各村实际、因地制宜发展特色产业，加大产业扶贫工作力度，实施特色养殖业扶贫工程，围绕各村资源优势，将畜牧养殖作为全乡脱贫攻坚的主导产业，使贫困群众的“造血”功能不断增强。2019年6月合作社调整后，带动贫困户群众参与23户105人，其中有劳力48人、无劳力57人，入股牲畜牦牛82头、绵羊1673只、山羊953只，牲畜共计2708头（只），折合绵羊单位2495.5只，人均入股23.77只绵羊单位，入股草场160150.28亩，人均入股草场达到1525.24亩，合作社就业人数35人，富余劳力外出务工14人，月人均收入2500元，使贫困户实现稳定增收。乡党委、政府为每个贫困户统一制作下发信息展板、明白卡、明细单，特别是通过“智志”双扶，激发贫困户内生发展动力，使群众完成从“要我脱贫”到“我要脱贫”的根本性转变。

【人大工作】 乡人大主席团按照县人大统一部署，充分调动人大代表的履职积极性，活跃乡人大工作，提升乡人大工作的整体水平。乡人大主席团组织人大代表不断加强理论学习，进一步明确人大工作职责。为进一步推进人大对精准监督工作落到实处，召集全乡人大代表，走村入户，2019全年开展扶贫工作调研共3次，对易地搬迁入住情况实地调研共2次。

1月29日，俄久乡召开脱贫摘帽工作部署会议

【生态环保】 按照市生态环境局尼玛县分局关于《2019年度环境保护工作实施方案》的要求，结合俄久乡实际，2019年4月20日，召开全乡环境保护工作安排署会议，并与各村委会签订环境保护目标责任书，从4月上旬开始，俄久乡制订出保护生态环境工作计划，以采取召开会议、宣传活动等方式，对保护生态环境工作进行安排部署和动员，持续抓好人工种草工作。要求每户家庭式人工种草面积不少于1亩，以每个“双联户”为单位，要有1个不少于5亩的集中连片人工种草点。并把人工种草任务划定工作落实到村、落实到组、落实到户、落实到地块。组织群众对全乡范围内的草场网围栏进行加固。对全乡4处水源保护地进行大排查，并对水源保护地进行清洁处理，对全乡10处垃圾掩埋场进行清理维修。组织群众对乡政府、各村委会周围、各自然村房前屋后、G317沿线等地大扫除共37次，参与干部群众398人次。

【农牧】 认真贯彻落实区、市、县关于加快牧业发展的系列决策部署，始终坚持牧业生产的基础地位、不断促进农牧民增收、农牧业提效、农村振兴，兑现草补资金1467.9732万元，落实草监员补助291600元、畜良种补贴92000元。截至2019年底，乡草补工作人员对各村通过设置宣传栏，对牧户发放宣传单、编写宣传标语，宣传资料共发放1000余份、宣传标语10个、宣传1300余人次，宣传农牧各项政策率达到94%。2019年，俄久乡组织职工开展6次防抗灾物资储备情况排查，对牧民自筹燃料、衣物、食物、干饲料、精饲料、油料、兽药、人药等防抗灾库存物资储备情况进行详细的检查。

【教育】 2019年底在全乡范围内对7至15岁适龄儿童进行筛查，全乡共计423人，0到20岁儿童1221人，全乡适龄儿童内残疾儿童11人，其中2人休学、2人享受送教上门服务，其余均随班就读，全乡无辍学生。全年送教活动8次，一次经费1500元价值的学习用品、衣物、粮食等物资。开展控辍保学宣传活动8次，走村入户劝学6次。

【文化】 2019年春节、藏历新年、“3·28”西藏百万农奴解放纪念日、各村赛马艺术节、十一等节日期间组织牧民群众开展文艺演出活动，定期开放乡文化站健身房、台球室、图书室和“牧家书屋”。

【卫生医疗】 全乡5所卫生室共接诊门诊21927人次。截至2019年12月，卫生院已建立2437份居民健康电子档案。

【安全生产监管】 2019年全乡开展安全生产大检查7次，乡主要领导带队3次，共出动检查人员95人次，对烟花爆竹经营点、建筑施工、教育等重点行业和规模企业进行全面的排查整治达10次。坚持日常巡查和单位自查相结合，加强安全源头隐患排查。根据俄久乡的实际情况，制定全

3月27日，俄久乡退雄加村群众热烈庆祝“3·28”百万农奴解放纪念日

5月16日，俄久乡召开脱贫摘帽工作会议

5 月 26 日，俄久乡开展结对帮扶活动

7 月 12 日，俄久乡召开“一乡一社”第二次分红仪式、扶贫政策明白人培养会议、扫黑除恶工作宣传会议

乡生产安全事故救援应急预案，不断完善救援体系，有效防范各类重特大事故的发生。

【社会保障】 为进一步加大俄久乡社会保障工作，成立以乡长为组长，分管领导为副组长的社会保障工作领导小组，把社保工作纳入党政“一把手”工程，积极开展就业社会保障等工作。做好城乡居民养老保险参保工作以及享受养老金补贴人员生活补助发放工作。2019 年全乡参加社会养老保险 16—59 周岁的 1031 人，缴纳保险金额达 10.31 万元，参保率达 100%。

【强基惠民】 2019 年，在村显著位置张贴各类扶贫宣传标语 150 余条，走村入户发放扶贫宣传资料 2500 余份，利用广播、微信、展板等平台给群众宣传扶贫政策 120 余次，受教育人数达 2500 余人。2019 年，针对各村村容村貌脏乱差的实际，各驻村队组织群众开展 40 余次环境卫生大整治活动，共清理垃圾点 24 处，河道垃圾 3 处、道路两旁垃圾 7 处。

【俄久乡 2019 年负责人名录】

党委书记：任志国

党委副书记、乡长：尼玛扎西（藏）

军仓乡

【概况】 军仓乡位于尼玛县南部边缘，西邻阿里地区措勤县、南与日喀则市昂仁县接壤，平均海拔 4815 米，乡政府距离县城约 190 千米，下辖谷寨、鲁玛那荣、尼玛隆、砂来、尼隆等 5 个行政村，有森格曲林拉康（佛教）、扎西门加林拉康（苯教）2 座寺庙，10 个党支部，牧业户数 429 户 1616 人，全乡干部职工 67 人。2019 年，军仓乡年底牲畜存栏数 55665 头（只、匹），其中牦牛 5253 头、山羊 21648 只、绵羊 28370 只、马 394 匹，共有天然草原总面积 500 万亩（其中可利用面积 450 万亩、禁牧面积 75.87 万亩、草畜平衡面积 374.12 万亩）。2019 年底，牧业生产总值达 1966.79 万元，人均收入 9563 元。

【人大工作】 军仓乡人大自觉增强政治意识、大局意识、核心意识、看齐意识，始终坚持党的领导，牢牢把握人大工作维护核心、围绕中心、服务大局的履职方向。充分发挥代表作用，围绕乡党委中心工作，实现监督与支持的有机统一。规范履职行为，服务发展大局。在思路谋划上发挥参谋作用。全面督促军仓乡十二届四次人代会上代表提出的 19 条意见建议的办理，办理满意率达 100%。

【脱贫攻坚】 2019 年建档立卡贫困户生态岗位资金共落实 121.6 万元。军仓乡落实易地搬迁 74 户 308 人。军仓乡“一乡一社”项目，总投资 300 万元，受益 148 户 571 人。机械租赁和牧业养殖全年实现收入31.9658万元。“一村一合”分红26.3574万元。扶贫门面房2019年9月开始运行，当年实现收入8.7596万元。

【生态补偿】 军仓乡草场总面积500万亩，可利用面积450万亩，禁牧面积75.87万亩，草畜平衡面积374.12万亩，核定年末草畜平衡载畜量8.9万个绵羊单位，全乡367户全部达到草畜平衡，2019年底全乡享受奖励补助资金人口1628人。2019年，全乡共落实禁牧草场75.87万亩。按照自治区草补实施方案要求，总体5户1名监督员，根据军仓乡实际情况各行政村略有调整，全乡共选聘34名天然草原监督员，每人每年补助5400元。

【文化建设】 2019年，按照年初确定的总体工作思路和任务责任目标，精心组织节日文化、村级文化、校园文化等活动，先后开展一系列丰富多彩的群众文化活动。文艺演出活动15次，观众人数约1117人次。“牧家书屋”“寺庙书屋”免费开放，新发放图书1050册，接待读者1500人次。乡文化综合站内制定16个藏语、汉语两种语言制度，制作1个公示栏。“村村通”设备全乡共发放204套，覆盖达到100%。坚持“一手抓繁荣、一手抓管理”的原则，坚持以日常监管为主线，以专项整治为重点，严格依法执行，科学管理，从重从快处理违法经营行为，确保文化市场健康、繁荣、有序发展。累计检查10次86人次，并加大对地摊经营非法音像制品的打击力度。

4月30日，军仓乡人大代表到乡完小开展均衡教育视察工作

【安全生产】 为贯彻落实自治区、市、县三级关于安全生产工作电视电话会议精神以及县安监局对安全生产工作的各项要求，军仓乡认真贯彻落实各级关于加强安全生产工作的有关精神。各村散装油销售点按规定时间进行营业，加油点外搭帐篷设立值班室，加强值班带班工作。2019年，军仓乡安委会对辖区内的人员密集场所、饭馆、散装油销售点、卫生院、学校、寺庙等人员密集场所进行10余次消防安全检查，全年在辖区内进行15次食药安全检查，重点检查茶馆、商店、卫生院等场所。

【民政】 军仓乡组织工作人员对各行政村精准识别全乡享受农村低保对象76户、256人，全年共落实低保资金62.1203万元。全乡分散五保户对象5户，落实五保户资金2.67万元。及时更新低保系统数据，系统录入率达到100%。为全乡47名残疾人（重度残疾人16人、困难残疾31人）及时兑现残疾人“两项”补贴，共落实7.56万元。为25名寿星老人落实“寿星补助”8100元。为33名高龄老人落实“两项”补贴1.98万元。2019年在调查的基础上进一步核实并登记造册全乡困境儿童基本情况，全乡困境儿童共有31人。

【卫生医疗】 2019年，门诊接诊患者共3616人次，其中接受藏医治疗873人，学生病人108人；住院病人48人，其中住院分娩20人。在应对2019年的鼠疫防控和麻疹查漏补种工作中，广泛宣传卫生科普知识，成立领导小组、设立留观室。

【防灾减灾】 建立健全及完善减灾防灾应急预案、领导小组、信息联络制度，制定和完善乡、村级救灾仓库管理使用制度等，经调查摸底，全乡粮食储备37.0128万公斤，饲草料487.454吨，

7月1日，军仓乡干部群众热烈庆祝中华人民共和国成立70周年

燃料28123袋。乡兽防站落实年初签订的目标责任书，完成对全乡60387头（只、匹）牲畜接种五号病、大肠杆菌、炭疽等疫苗工作，疫苗接种率达100%。以藏西医结合对牲畜内科病、外科病、产科病、寄生虫病进行治疗，全年治疗次数达13万多次，患病治愈达98%以上。

【强基惠民】 按照“5+2+1”工作任务，扎实开展第七批强基础惠民生工作，全年，各驻村工作队共帮助充实完善村规民约5条，充实完善党务、村务、财务公开制度18条，充实完善村级党风廉政建设规章制度25条。帮助驻村点理清发展思路9条，找准发展路子20条，制定、完善、实施经济社会发展规划17项。对农牧区一线，大力宣讲强基惠民活动的重大意义和目标任务。2019年，各驻村工作队共召开维稳部署大会53场次，组织宣讲457场次，发放宣传资料4876份，宣讲强农惠农富农政策190场次，举办感党恩教育专题讲座264场次。

【军仓乡2019年负责人名录】

党委书记：普布次仁（藏）

党委副书记、乡长：吴　杰

文布乡

【概况】 文布乡位于尼玛县西南部，平均海拔4600米左右，距离县城84千米。全乡辖1个行政村和1个居委会，自然村10组，截至2019年底共576户2101人，其中文南居委会296户1089人，北村280户1012人。全乡耕地面积为666.19亩，主要种植青稞、元根、土豆、萝卜、小白菜等农作物，草场可利用总面积为2317893.78亩，主要饲养牦牛、山羊、绵羊等。全乡共有两所初小，20名教师，7—15周岁学龄儿童288人，入学率达100%。2019年全乡经济总收入达到5268.37万元，比上年增长264.3万元，年递增5.3%，其中第一产业2296.98万元、第二产业488.37万元、第三产业2483.02万元。全乡人均纯收入9852.93元，比上年增长163.86元，年递增1.2%。

【畜牧业】 2019年底，全乡牲畜存栏总数为37859只（折合绵羊单位）。全年肉产量300.49吨，其中牛肉41.13吨、羊肉259.36吨。奶类产量172.93吨，其中牛奶12.17吨、羊奶160.76吨。羊毛产量21.34吨，羊绒产量3.5吨，牛绒产量2.03吨。

【农业】 2019年，种植优质青稞实验田2亩，种植各类农作物14.65公顷，蔬菜20.25公顷，其他作物9.51公顷，2019年粮食总产量为77.45吨，蔬菜总产量为67.78吨，其他农作物总产量394.93吨。

【精准扶贫】 2019年，文布乡认真贯彻落实中央、区、市、县扶贫工作会议精神，紧扣“两不愁三保障”基本要求，制定发展规划，积极争取项目，健全扶贫机制，强化扶贫责任。2019年，118户449名贫困人口脱贫，实现全乡整体脱贫。同时通过第三方验收和区、市交叉验收。2019年，“一乡一社”共收益40.18万元，其中农牧民打砖队共收益11万元，装载机收益3.8万元，挖掘机收益25.38万元。7月30日为605名贫困人口分红12.1万元。2019年，两个村居的“一村一合”都结合各自发展实际建设完成。北村依托

8000亩人工种草和未来锂矿开发的机遇，鼓励全村群众参与，共同集资购买一台挖掘机和一台装载机，同时将全村劳动力集中管理，由合作社统筹在工地承包务工，统一调配务工人员到合适岗位务工，2019年合作社创收118.0532万元，解决务工收入75.7238万元，为本村贫困户分红3.555万元，每户450元。南居委会切合自身旅游业资源的优势，先期投入20万元建设黑帐篷牧家乐，开业一个月收入1.2万元。2019年全乡共有33人参加各级技能培训。2019年文布乡劳务输出407人，总收入524.04万元，其中建档立卡劳务输出186人，收入157.24万元。文布乡通过"贫困户自愿申请、村委核实、村民大会评议、乡政府入户核查"确定"十三五"期间实施易地搬迁户80户292人。

全乡共489名在校生，幼儿园118人、小学197人、初中84人、高中43人、大学生47人，其中建档立卡在校生165人，幼儿园33人，小学79人，初中27人，高中15人，大学生11人。北村初小附属幼儿园教学楼建设工程已全部建成并投入使用，南居委会初小附属幼儿园项目已建设完毕。2019年，帮助11名建档立卡大学生兑现补助资金6.4979万元。

为保障全乡群众的健康，乡卫生院宣传医疗健康知识5次，为贫困户体检1次并建立健康档案，联合拉萨广升医院为全乡干部、群众、僧尼等免费检查血常规、乙肝、结核、包虫病1次，并建立健康档案。完成建档立卡人员、家庭医生签约服务工作，使贫困群众得到及时、便捷、周到的医疗服务。确定患病需救治35人，其中大病集中救治13人，慢性病11人，全部通过乡卫生院及县人民医院救治。2019年安排生态岗位人员641人，发放资金224.35万元。2019年全乡92户325人贫困低保户实行社会保障政策兜底，对因病致贫的家庭实行大病救助。对年满16周岁以上（不含在校学生）、具有本乡户籍的建档立卡贫困户免费参加养老保险。

5月29日，文布乡开展脱贫攻坚宣讲活动

【教育事业】 乡南北两村（居）共有教师18名（含临时工教师在内），在校学生182名，入学率达100%。

【医疗卫生】 投资190.49万元建设的文布乡卫生院改扩建项目，已投入使用。乡卫生院医疗门诊、急诊接诊达到4500人次，住院患者55人次（其中住院分娩27人次）。参合牧民2098人，参合率达到100%。接种疫苗689针次，乡完成包虫病筛查人数1998人，筛查率达96%。完成建档立卡人员家庭医生签约服务工作，使贫困群众得到及时、便捷、周到的医疗服务。确定患病需救治35人，其中大病集中救治13人，慢性病11人，已全部通过乡卫生院及县人民医院救治。

【文化事业】 "牧家书屋""寺庙书屋"图书定期补充更新。开展丰富多彩的节日文体活动20场次，促进文化创建工作和文体事业向纵深和更高层次发展。节日期间举办拔河、抱沙袋、舞蹈、短跑等各类比赛。

【社会保障】 新型农村社会养老保险制度实现全乡全覆盖。2019年全乡享受农村最低生活保障共92户325人，发放资金65.9821万元，残疾64人，发放补助资金13.44万元，五保户141人，发放补助资金47923.75元，老人"两项"补贴16人，发放补助资金9600元，寿星老人29人，发放补助资金9300元，农村社会养老保险60岁以上178人共发放资金20.692637万元（前两季度），16—59岁共1137人。

【生态文明】 坚持把生态环境保护放在首位，严守生态保护红线，加大生态保护力度。2019年，乡组织建档立卡生态岗位人员对村居周边进行环境卫生打扫20次。完成“河长制”“湖长制”组织体系建设，全乡9名副科级以上干部全部列入河、湖长，累计巡河、巡湖23次。开展植树绿化造林工作，全乡2019年累计植树300余株，绿化政府院子500余平方米。

【安全生产】 坚持“安全第一、预防为主、综合治理”工作方针，严格履行“一岗双责”制度，使安全生产责任落实到各分管领导和部门，责任到人，达到各个安全生产领域有具体部门管，有具体人员抓，形成齐抓共管横向到边、纵向到底的局面。乡党委、政府年初与相关部门（单位）、村（居）签订安全生产目标责任书和消防安全目标管理责任书等，签订各类安全生产目标责任书10余份。全年乡安委办、派出所等对全乡区域内道路交通、重点工程、人员密集场所、学校、散装油销售点等累计检查50余次，对重点路段的路况、安全隐患、车辆进行检查，共检查车辆500余辆，纠正、处理违章操作车辆20余辆，采用悬挂横幅、印发宣传资料、干部进村入户，广泛开展安全知识宣传活动10余次。2019全年印发安全生产标语120份，制作宣传标语12条。

【文布乡2019年负责人名录】

县人大副主任、乡党委书记：洛　桑（藏）

乡党委副书记、乡长：高　洋

附 录

尼玛县 2019 年人口调查统计表

表 2

指标	合计	尼玛镇	申亚乡	卓尼乡	卓瓦乡	吉瓦乡	甲谷乡	达果乡	文布乡	来多乡	军仓乡	阿索乡	中仓乡	荣玛乡	俄久乡	县城
总人口（人）	34338	5247	2159	2108	2241	2008	2409	1947	2151	2336	1669	2074	2949	1231	2764	1045
男（人）	16983	2540	1054	1049	1125	943	1190	979	1067	1139	855	1026	1496	618	1333	569
女（人）	17355	2707	1105	1059	1116	1065	1219	968	1084	1197	814	1048	1453	613	1431	476
其中：非农业人口（人）	2110	118	113	67	79	82	95	67	50	60	53	81	59	53	88	1045
牧业人口（人）	32228	5129	2046	2041	2162	1926	2314	1880	2101	2276	1616	1993	2890	1178	2676	
户数（户）	9064	1180	617	492	557	541	677	465	626	514	482	579	825	310	683	516
牧业户数（户）	7698	1103	544	434	512	467	588	412	576	468	429	523	766	266	610	
当年出生人口（人）	743	102	51	44	69	33	64	52	18	64	26	51	61	28	67	13
出生率（‰）		20.27	24.12	21.39	31.91	16.5	26.98	27.28	8.4	27.76	15.66	24.90	22	24.35	24.84	12.62
当年死亡人口（人）	267	43	21	11	18	23	21	17	14	18	14	18	24	7	17	1
死亡率（‰）		8.55	9.93	5.35	8.33	11.5	8.85	8.92	6.53	7.81	8.43	9.23	9	6.96	6.30	0.97
当年迁进人口（人）	546	83	59	47	58	30	23	34	12	28	21	25	52	15	44	15
当年迁出人口（人）	408	65	44	29	30	32	29	28	6	43	24	14	20	2	27	15
净增人口（人）		77	45	51	79	8	37	41	10	31	9	44	69	33	67	12
人口自然增长率（‰）		11.33	14.04	17.54	23.17	4.99	18.34	18.17	1.86	19.82	7.21	16.11	13.02	16.54	18.30	11.56

说明：人口自然增长率 =（出生 – 死亡）÷ 年平均数 ×1000‰ 年平均数 =（期初人口 + 期末人口）÷ 2

主要产品分配表

表 3

指标 / 村名	合计	尼玛镇	申亚乡	卓尼乡	卓瓦乡	吉瓦乡	甲谷乡	达果乡	文布乡	来多乡	军仓乡	阿索乡	中仓乡	荣玛乡	俄久乡
一、粮食总产量	190.34						24.10	86.79	77.45	2.00		0.00			
自用	148.72						18.70	52.07	77.45	0.50					
出售	36.22							34.72		1.50					
其中：交换	0.00									0.00					
种子	0.00									0.00					
饲料	29.00						5.40	23.60		0.00					
其他用粮	0.00									0.00					
二、蔬菜产量	109.80						17.02		67.78	25.00					
其中：1. 萝卜产量	23.43						0.00		18.43	5.00					
自用	20.93						0.00		18.43	2.50					
出售	2.50						0.00			2.50					
其中：交换	0.00						0.00			0.00					
2. 元根产量	64.40						11.42		32.98	20.00					
自用	27.96						11.42		11.54	5.00					
出售	36.44						0.00		21.44	15.00					
其中：交换	0.00						0.00			0.00					
三、牛奶产量	905.59	96.43	40.93	163.51	74.19	89.93	84.29	20.62	12.17	117.96	90.01	15.01	25.0	24.83	50.70
自食	470.16	57.86	16.37	65.39	48.23	57.47	82.79	20.62	12.17	35.39	36.00	6.00	6.4	4.66	20.79
出售	415.27	38.57	24.56	98.12	25.96	32.46	1.50			82.57	54.01	9.00	18.6		29.91
其中：交换	0.00		0.00	0.00						0.00		0.00			
四、羊奶产量	3965.91	1250.10	166.55	127.39	142.37	337.47	144.16	160.70	160.76	157.24	149.61	263.32	384.30	133.39	388.55
自食	2201.30	750.06	93.75	89.18	92.54	105.66	135.36	160.70	160.76	47.17	136.29	105.33	153.72	11.47	159.31
出售	1642.69	500.04	72.80	38.21	49.83	231.81	8.80			110.07	13.32	157.99	230.58		229.24
其中：交换	0.00		0.00	0.00						0.00		0.00			
五、牛肉产量	2885.16	275.50	145.09	494.05	201.64	363.00	255.39	213.50	41.13	227.25	133.48	138.15	160.46	80.89	155.63
自食	1365.35	13.78	58.04	197.61	120.98	198.00	151.24	85.40	28.79	159.08	69.59	148.01	64.18	16.18	54.47

续表 3

指标 / 村名	合计	尼玛镇	申亚乡	卓尼乡	卓瓦乡	吉瓦乡	甲谷乡	达果乡	文布乡	来多乡	军仓乡	阿索乡	中仓乡	荣玛乡	俄久乡
出售	1751.69	261.73	87.05	296.44	80.66	165.00	104.15	128.10	12.34	68.18	63.89	222.02	96.28	64.71	101.16
其中：交换	0.00		0.00	0.00						0.00		0.00			
六、绵羊肉产量	3468.73	726.58	113.19	136.27	219.05	276.00	166.49	144.13	137.11	270.87	209.14	263.62	336.63	195.92	273.73
自食	1649.78	363.29	45.28	54.51	131.43	141.00	99.90	50.45	95.98	189.61	83.66	105.45	134.65	58.78	95.81
出售	1818.95	363.29	67.91	81.76	87.62	135.00	66.59	93.68	41.13	81.26	125.48	158.17	201.98	137.14	177.92
其中：交换	0.00		0.00	0.00						0.00		0.00			
七、山羊肉产量	1878.66	282.08	34.20	56.65	87.11	71.12	68.51	148.52	122.25	203.28	156.46	106.41	179.89	67.74	294.44
自食	1110.84	253.87	23.94	22.66	52.27	40.12	49.70	111.39	122.25	142.30	62.58	42.56	71.96	12.19	103.05
出售	759.69	28.21	10.26	33.99	34.84	31.00	18.81	37.13		60.98	93.88	63.85	107.93	47.42	191.39
其中：交换	0.00		0.00	0.00						0.00		0.00			
八、绵羊毛产量	548.77	144.09	40.81	24.77	25.46	46.83	26.16	14.70	11.39	21.19	42.57	32.93	40.6	17.42	59.82
自用	52.43	2.88	2.04	0.00	7.64	21.53		3.67	2.28	10.60		0.00		0.00	1.79
出售	496.34	141.21	38.77	24.77	17.82	25.30	26.16	11.02	9.11	10.60	42.57	32.93	40.64	17.42	58.03
其中：交换	0.00		0.00	0.00						0.00		0.00			
九、山羊毛产量	86.18	25.36	1.46	8.04	2.73	5.06	2.93	6.97	9.95	4.35	2.12	2.39	8.30	1.32	5.21
自用	15.25		0.34	0.00	0			0.70	9.95	2.18		0.00		0.00	2
出售	70.94	25.36	1.12	8.04	2.73	5.06	2.93	6.27		2.18	2.12	2.39	8.30	1.32	3.13
其中：交换	0.00		0.00	0.00						0.00		0.00			
十、牛毛产量	78.32	19.42	4.26	7.02	2.28	22.52	2.37	1.85	1.35	3.64	2.40	4.59	5.03	0.25	1.34
自用	30.00	5.83	0.21	7.02	0.09			0.18	1.35	12.77		0.00	2.01	0.00	0.54
出售	70.21	13.60	4.05	0.00	2.19	22.52	2.37	1.66		12.77	2.40	4.59	3.02	0.25	0.80
其中：交换	0.00		0.00	0.00						0.00		0.00			
十一、奶渣产量	311.31	64.70	24.17	17.15	10.56	0.00	22.84	2.06	17.29	24.71	11.98	27.83	40.93	3.16	43.92
自食	189.71	38.82	16.92	12.00	6.34	0.00	22.84	2.06	17.29	12.36	3.79	11.13	24.56	3.16	18.45
出售	121.59	25.88	7.25	5.15	4.22	0.00				12.36	8.19	16.70	16.37	0.00	25.47
其中：交换	0.00			0.00		0.00				0.00		0.00			

农村基本情况及农业生产条件

表 4

01 是否边境县：□1 是 □2 否　　02 经济类型：□1 农业县 □2 牧业县 □3 半农半牧县　　03 是否贫困重点扶持县：□1 是 □2 否　　04 是否草原生态保护县：□1 是 □2 否

指标	计算单位	代码	合计	尼玛镇	申亚乡	卓尼乡	卓瓦乡	吉瓦乡	甲谷乡	达果乡	文布乡	来多乡	军仓乡	阿索乡	中仓乡	荣玛乡	俄久乡
一、农村基层组织情况			0											0			
乡镇个数	个	01	14	1	1	1	1	1	1	1	1	1	1	1	1	1	1
其中：镇个数	个	02	1	1	0							0		0	0	0	0
村民委员会个数	个	03	76	10	6	6	6	7	7	3	2	6	5	4	8	2	4
二、农村基础设施			2				0				2	0		0	0		
自来水受益村数	个	04	4	0	0	0	0				2	0	0	0	0	2	
通汽车村数	个	05	69	11	6	6	6	7	7	3	2	6	5	4	0	2	4
通电话村数	个	06	76	11	6	6	6	7	7	3	2	6	5	4	7	2	4
通电的村	个	07	69	11	6	6	6	7	7	3	2	6	5	4	0	2	4
通邮的村	个	08	60	11	6	6	0	7	7		2	6	5	4	0	2	4
能收看电视的村	个	09	77	11	6	6	6	7	7	3	2	6	5	4	8	2	4
三、乡村人口与从业人员			0			0						0		0			
乡村户数	户	10	8503	1180	617	492	557	541	677	467	626	514	482	523	825	319	683
其中：农业户数	户	11	18			0			0			0	18	0	0	0	
牧业户数	户	12	7700	1103	544	433	512	467	588	415	576	468	429	523	766	266	610
城镇户数	户	13	643	77	75	59		74	95	53		3	35	0	46	53	73
乡村人口数	人	14	33158	5247	2159	2108	2241	2008	2409	1947	2151	2282	1669	1993	2949	1231	2764
其中：牧业人口	人	15	32238	5138	2046	2041	2162	1926	2314	1880	2101	2277	1616	1993	2890	1178	2676
城镇人口	人	16	871	109	113	67	79	75	95	67		11	53	0	58	53	91
半农半牧业人口	人	17	0	0	0	0		0		0		0	0	0	0	0	

续表 4

01 是否边境县：□ 1 是 □ 2 否　02 经济类型：□ 1 农业县 □ 2 牧业县 □ 3 半农半牧县　03 是否贫困重点扶持县：□ 1 是 □ 2 否　04 是否草原生态保护县：□ 1 是 □ 2 否

指标	计算单位	代码	合计	尼玛镇	申亚乡	卓尼乡	卓瓦乡	吉瓦乡	甲谷乡	达果乡	文布乡	来多乡	军仓乡	阿索乡	中仓乡	荣玛乡	俄久乡
乡村劳动力资源数	人	18	19528	3019	1226	1106	1377	1146	1261	1430	1302	1349	1669	667	1696	801	1479
其中：劳动年龄内	人	19	2093	0	0			0				1349		0	0	744	
乡村从业人员数	人	20	14877	2886	1499	1106	1377	1028	1261		1156	1241		667	532	691	1433
其中：劳动年龄内	人	21	4069			1106				1235		1241		0	0	487	
（一）按性别分		22	1855		0	1106				0		0		0	0	749	
1. 男	人	23	9799	1383	608	561	758	583	615	687	563	623	855	981	268	381	933
2. 女	人	24	9918	1503	891	545	619	445	646	548	593	618	814	1012	264	363	1057
（二）按国民经济行业分		25	5883	0		0						1241	0	1993	1211		1438
1. 农牧业从业人员	人	26	15365	1667	378	2041	868	817	993	1089		951	968	1476	2890	159	1068
2. 工业从业人员	人	27	29	8	0	0	21	0		0		0	0	0			0
3. 建筑业从业人员	人	28	2629	635	493	189	345	77	192	69	195	137	95	146			56
4. 交通运输、仓储和邮电业从业人员	人	29	559	36	36	10	18	37	20	7	202	22	63	28	12	7	61
5. 信息传输、计算机服务和软件业人员	人	30	8	0	0	1	0		0	0		7	0	0	0		0
6. 批零与零售从业人员	人	31	731	19	62	33	65	68	12	9	199	19	18	91	67	11	58
7. 住宿和餐饮业	人	32	1069	29	164	26	18	1	10	13	503	11	32	80	49	12	121
8. 其他行业从业人员	人	33	1868	492	274	130	42	28	105	48	37	94	74	172		298	74
四、农业机械化情况		34			0			0	0	0		0	0	0	0		
（一）农牧用机械总动力合计	千瓦	35	94625	4592	3168	16104.00	5288	14595	9860	272		6144	5656	5792	16472	2440	4242

续表 4

01　是否边境县：□ 1 是 □ 2 否　　02　经济类型：□ 1 农业县　□ 2 牧业县 □ 3 半农半牧县　　03　是否贫困重点扶持县：□ 1 是 □ 2 否　　04　是否草原生态保护县：□ 1 是 □ 2 否

指标	计算单位	代码	合计	尼玛镇	申亚乡	卓尼乡	卓瓦乡	吉瓦乡	甲谷乡	达果乡	文布乡	来多乡	军仓乡	阿索乡	中仓乡	荣玛乡	俄久乡
1. 柴油发动机动力	千瓦	36	37977	1336	1848	1496	4808	1043	6248	88	552.5	5984	1336	5368	5984	1392	494
2. 汽油发动机力	千瓦	37	60104	3256	1144	14608	480	13552	3612	184	3080	160	4320	424	10488	1048	3748
3. 电动机动力	千瓦	38	5368	0	0	0		0	0			0	0	5368		0	
4. 其他机械动力	千瓦	39	1	0	0	0		0	1	0		0	0	0		0	
（二）主要农牧业机械与设备		40	0	0	0			0	0	0		0	0	0		0	
大中型拖拉机	台	41	501	60	54	74	119	26	0	0		44	94	0		10	20
	千瓦	42	11620	960	1080	1184	1904	956	0	0		3872	1504	0		160	
小型拖拉机	台	43	1478	47	64	39	90	36	609	27	68	20	177	53	58	131	59
	千瓦	44	10691	376	768	312	720	86	3654	216	552.5	160	1416	424	464	1048	494
大中型拖拉机配套农具	台	45	0		0	0		0	0	0		0		0	0	0	
小型拖拉机配套农具	台	46	0		0	0		0	0	0		0		0	0	0	
农用排灌电动机	台	47	0		0	0		0	0	0		0		0	0	0	
	千瓦	48	0		0	0		0	0	0		0		0	0	0	
农用排灌柴油机	台	49	0		0	0		0	0	0		0		0	0	0	
	千瓦	50	0		0	0		0	0	0		0		0	0	0	
联合收割机	台	51	0		0	0		0	0	0		0		0	0	0	
	千瓦	52	0		0	0		0	0	0		0		0	0	0	
自走式机动收割晒机	台	53	2		0	0		0	0	2		0		0	0	0	
	千瓦	54	0		0	0		0	0	0		0		0	0		
机动脱粒机	台	55	2		0	0		0	0	2		0		0	0		

续表 4

01 是否边境县：□1是 □2否　　02 经济类型：□1农业县 □2牧业县 □3半农半牧县　　03 是否贫困重点扶持县：□1是 □2否　　04 是否草原生态保护县：□1是 □2否

指标	计算单位	代码	合计	尼玛镇	申亚乡	卓尼乡	卓瓦乡	吉瓦乡	甲谷乡	达果乡	文布乡	来多乡	军仓乡	阿索乡	中仓乡	荣玛乡	俄久乡
农牧用运输车	辆	56	839	2	15	166	33	154	76	1	35	24	32	61	40	14	186
	千瓦	57	73869	176	1320	14608	2904	13552	6688	88	3080	2112	2816	5368	3520	1232	16405
五、合作组织		58	0		0	0	0	0	0	0		0		0	0		
农牧村专业合作组织	个	59	106	19	2	9	7	7	8	5	13	8	6	5	9	3	5
经济人	个	60	2265	1056	820		8	7	309	5		32	6	5	9	3	5
其中：签订定单的农业户	个	61	153		0			0				0		153	0		
签订定单的牧业户	个	62	677		0	431		0	0	246		0		0	0		
六、自然灾害情况		63	0		0	0		0	0	0		0		0	0		
受害面积合计	公顷	64	15153		0	0		0	15153	0		0		0	0		
成灾面积合计	公顷	65	0		0	0		0	0	0		0		0	0		
粮食减产面积	公顷	66	0		0	0		0	0	0		0		0	0		
减产粮食	吨	67	0		0	0		0	0	0		0		0	0		
减产油料	吨	68	0		0	0		0	0	0		0		0	0		
死亡人口	人	69	0		0	0		0	0	0		0		0	0	0	0
死亡大牲畜	头	70	429	160	0	0	0	57	24	8		7	81	0	23	32	37
死亡羊	只	71	5493	2795	0	70	0	143	76	146		50	847	0	187	949	230
倒塌民房	间	72	10		0	0		0	0	10		0		0		0	
损坏民房	间	73	217	0	0	0	0	5	0	25		15		0	13	159	
安全生产死亡人数合计	人	74	0	0	0	0			0			0		0	0	0	
缺粮人口	人	75	16	0	0	0			0			0		0	0	16	0
牛粪	吨	76	5282	0	0	5279.75		2.57	0			0		0.00	0	0	

主要农业产品生产情况

表 5

01 是否边境县：□ 1 是 □ 2 否　　02 经济类型：□ 1 农业县 □ 2 牧业县 □ 3 半农半牧县
03 是否贫困重点扶持县：□ 1 是 □ 2 否　　04 是否草原生态保护县：□ 1 是 □ 2 否

指标	单位	合计	甲谷乡	达果乡	文布乡	来多乡
农作物总播种面积	公顷	103.05	21.14	27.03	44.41	10.47
一、粮食作物合计	公顷	46.61	10.96	19.00	14.65	2.00
1. 其他谷物	公顷	24.29	7.33	16.96		0.00
其中：青稞	公顷	39.94	6.33	16.96	14.65	2.00
油菜		1.00	1.00			0.00
2. 豆类	公顷	5.67	3.63	2.04		0.00
豌豆	公顷	5.67	3.63	2.04		0.00
二、蔬菜	公顷	27.39	5.17	1.18	20.25	0.79
其中：萝卜	公顷	8.14		1.13	6.68	0.33
元根	公顷	11.12	2.02	0.47	8.3	0.33
白菜	公顷	8.75	3.15	0.20	5.27	0.13
三、其他作物	公顷	28.43	5.01	6.23	9.51	7.68
其中：青饲料	公顷	28.43	5.01	6.23	9.51	7.68
农作物总播种总产量	吨	855.27	82.92	162.19	540.16	70.00
一、粮食作物合计	吨	228.24	62.00	86.79	77.45	2.00
1. 其他谷物	吨	202.06	60.50	64.11	77.45	0.00
油菜		1.00	1.00			0.00
其中：青稞	吨	201.56	58.00	64.11	77.45	2.00
2. 豆类	吨	24.18	1.50	22.68		0.00
豌豆	吨	24.18	1.50	22.68		0.00
二、蔬菜	吨	164.60	17.02	51.80	67.78	28.00
其中：萝卜	吨	53.09		29.66	18.43	5.00
元根	吨	76.74	11.42	12.34	32.98	20.00
白菜	吨	29.17	5.60	4.20	16.37	3.00
三、其他作物	吨	462.43	3.90	23.60	394.93	40.00
其中：青饲料	吨	462.43	3.90	23.60	394.93	40.00
一、年初农作物总播种面积	公顷	44.41		0.00	44.41	0.00
二、年内增加	公顷	0.00		0.00		0.00
其中：新开荒地	公顷	0.00		0.00		0.00
三、年内减少	公顷	0.00		0.00		0.00

表 6

草场建设情况

指标	计算单位	合计	尼玛镇	申亚乡	卓尼乡	卓瓦乡	吉瓦乡	甲谷乡	达果乡	文布乡	来多乡	军仓乡	阿索乡	中仓乡	荣玛乡	俄久乡
草场建设	公顷	16050.34		16050.34												
总草场面积	公顷	26552850.82	1414206.67	345903.46	471246.66	314999.97	267226.68	265780.00	258380.00	295440	420106.67	333333.30	1400000.00	1425000.03	1677886.67	17663340.70
其中：可利用草场面积	公顷	23449723.20	786180.02	242097.82	304905.69	252633.20	200610.05	201460.00	191693.34	1545626.25	294073.33	300000.00	740600.00	856259.76	972199.98	16561383.76
其中：已利用草场面积	公顷	2425929.91	786180.02	175800.10	304905.69			0.00	191693.34		0.00		111091.00	856259.76		
围草场面积	公顷	932897.98		776.33	125378.79		230550.00	255773.99	13933.33	9520	155036.60		4240.00	128362.34	9326.60	
其中：网围栏面积	公顷	1232918.81	9782.17	11645.00	125378.79	272712.00	230550.00	255773.99	13933.33	9520	155036.60	39148.33	4240.00	95872.00	9326.60	
当年禁牧面积	公顷	4949920.55	1334880.00	66297.72	65796.85	0.00	66616.63	53731.00	59946.66	67566.66	34853.33	50585.30	98118.46	1829563.00	120008.00	1101956.94
草场灌溉面积	公顷	810.20	642.87	0.00	0	0.00		0.00		167.33	0.00		0.00		0.00	
人工种草面积	公顷	8121.93	1294	238.84	147.3	114.00	27.60	125.92	75.40	3754.18	0.00	85.96	1311.00	769	0.00	178.73
无房户数	户	142.00	105	0.00	0	0	0	0	5.00		5	0	0	0	13	14
无房人数	人	398.00	318	0.00	0	0	0	0	9		18	0	0	0	17	36
房屋总数	个	14845.00	2210	1146.00	684	1274	478	680	1154	1485.00	683	462	523	1813	394	1859
当年新建	个	522.00	20	40.00	5	15	6	99	26	53.00	91	93	16	35	0	23
暖棚总数	个	6234.00	736	299.00	341	1049	289	398	367	419.00	431	296	542	570	204	293
其中：新建	个	244.00	0	29.00	0	41	15	8	2	7.00	0	89	0	53	0	0
畜建总数	个	11810.00	1749	438.00	1112	731	1551	562	500	510.00	774	483	891	1226	355	928
其中：新建	个	490.00	21	35.00	20	37	160	21	2		122	24	0	45	0	3
羔官总计	个	14431.00	3030	358.00	792	991	1010	628	570	618.00	971	1113	1069	810	420	2051
其中：新建	个	3113.70	623	83.00	64	66	56	19	53	138.00	308	482	57	161	40.00	964
粮食储备	吨	3364.80	446.34	226.62	204.10	204.06	165.99	214.93	187.20	171.5	304.2	287.50	180.00	287.69	101.41	383.26
饲草料储备	吨	8808.05	1083.09	1142.40	694.40	442.62	718.84	574.37	388.20	394.93	638.06	442.88	504.00	648.17	371.92	764.17
燃料储备	吨	86658.71	16708.03	8667.20	7542.50	28.60	2729.54	7981.58	5092.12	4287.5	3214.9	5896.26	6502.50	9914.50	410.01	7683.47

农村经济收入分配表

表 7

计量单位：万元

乡名	合计	尼玛镇	申亚乡	卓尼乡	卓瓦乡	吉瓦乡	甲谷乡	达果乡	文布乡	来多乡	军仓乡	阿索乡	中仓乡	荣玛乡	俄久乡
（一）农村经济总收入	69140.52	8659.48	5168.65	4179.10	5914.00	4867.55	5096.79	4848.10	5268.37	3767.03	3731.30	6206.13	3519.17	2907.13	5007.72
其中：出售产品收入	4578.83			2558.96		2019.87				0.00					
1. 第一产业收入	38345.18	6388.22	2597.49	3133.39	1978.13	4488.60	2443.70	3240.77	2296.98	1484.40	1966.79	3512.84	1388.19	1301.53	2124.16
其中：出售产品收入	11657.06		1589.66	1329.10	593.44	2019.87	855.30			1039.08	786.71	2107.70	555.28	780.92	
（1）种植业收入	323.09			0.00				75.00	234.19	13.00		0.90			
其中：粮食收入	99.57			0.00				43.40	56.17	0.00					
（2）林业收入	0.00			0.00						0.00					
（3）牧业收入	36433.33	6388.22	1007.83	3133.39	1978.13	4488.60	2443.70	3165.77	2062.79	1471.40	1966.79	3512.84	1388.19	1301.53	2124.16
（4）渔业收入	0.00			0.00						0.00					
2. 第二产业收入	2839.89	141.00	266.22	184.16	13.33	99.95	305.14	29.54	488.37	130.27	198.20		403.75		579.96
（1）工业收入	0.00			0.00						0.00					
其中：出售产品收入	0.00			0.00						0.00					
（2）建筑业收入	2844.30	141.00	266.22	184.16	17.74	99.95	305.14	29.54	488.37	130.27	198.20		403.75		579.96
3. 第三产业收入	27955.44	2130.26	2304.94	861.55	3922.54	279.00	2347.95	1577.79	2483.02	2152.36	1566.31	2693.29	1727.23	1605.60	2303.60
（1）交通运输业收入	3115.43	347.08	488.33	16.85	392.25	52.58	96.08	311.39	766.43	63.41	33.67	185.90	201.47	14.00	145.99
（2）商业、饮食业收入	4775.73	354.62	551.04	0.00	1569.02	115.07	337.76	257.25	820.13	49.20	45.92	351.70	217.02	36.53	70.47
（3）服务业收入	4749.31	125.03	595.08	29.40	1765.14	36.92	175.80		743.41	43.37	51.34	66.98	232.14	782.13	102.57
（4）其他收入	15366.32	1303.53	670.49	815.30	196.13	74.43	1738.31	1009.15	153.05	1996.38	1486.72	2088.71	1076.61	772.94	1984.57
（二）总费用	26160.88	606.16	3064.47	1671.64	2844.63	1460.26	2629.51	2622.82	3198.27	984.15	2126.84	3021.32	289.00	1141.03	500.77
其中：生产费用	3562.59			1337.31	0.00			2225.28		0.00					
（三）纯收入	42979.64	8053.32	2104.18	2507.46	3069.37	3407.29	2467.28	2225.28	2070.1	2782.88	1604.46	3184.81	3230.17	1766.10	4506.95
1. 国家税收	0.00									0.00					
2. 提留	0.00									0.00					
3. 农民所得	6539.86							2225.28	2070.1	0.00	2244.48				
（四）农村经济内部积累	0.00									0.00					
年末参加分配人口（人）	32251.00	5129	2046	2041	2162	1926	2337	1880	2101	2276.00	1616	1993	2890.00	1178	2676
平均农村居民纯收入（元/人）	13326.61	15701.53	10284.36	12285.45	14196.88	17691.01	10557.47	10107.33	9852.93	12227.07	9928.57	15979.98	11177.07	14992.36	16842.11
其中：现金收入（元/人）	120689.83	10363.01	6558.13	8599.81	8518.13	12383.70	6756.78	6670.84	7882.34	9781.66	5659.29	10591.50	7823.95	8995.42	10105.26
附：农村经济总收入	65322.39	8659.48	5168.65	3947.63	5914.00	4867.55	4839.98	4848.10	5268.37	0.00	3740.80	6611.99	3519.17	2928.95	5007.72
1. 乡（镇）村办企业收入	1172.97		387.39	0.00	28.96		99		543.59	0.00	64.90	0.00			49.13
2. 集体统一经营收入	3289.07	121.22	0.00	39.70	69.36	1460.28	143.05	1044.62		0.00	25.20	33.72	351.92		
3. 新经济联合体收入	1270.40		46.20			973.52			250.68	138.85		235.25		6.70	
4. 农民家庭经营收入	30263.65	6763.35	1002.64	647.10	2720.44	1947.00	3084.85	339.88	2101.6	425.57	2244.48	4023.12	2463.42	376.05	2124.16
5. 其他收入	28290.75	1774.92	3732.42	3260.83	3095.24	486.76	1513.08	3463.60	2372.5	0.00	187.04	2319.90	703.83	2546.20	2834.43

表 8

农民人均收入水平按乡分组统计表

乡名	合计	尼玛镇	申亚乡	卓尼乡	卓瓦乡	吉瓦乡	甲谷乡	达果乡	文布乡	来多乡	军仓乡	阿索乡	中仓乡	荣玛乡	俄久乡
一、乡数（个）	13		1	1	1	1	1	1	1	1	1	1	1	1	1
汇入本表的乡（个）	17	1	1	1	6	1		1	1		1	1	1	1	1
625 元以下的乡（含 625 元）	0											0			
625 元—684 元	0											0			
685 元—944 元	0											0			
945 元—1300 元	0											0			
1301 元—1500 元	0											0			
1501 元—1700 元	0											0			
1701 元—2000 元	0											0			
2001 元以上（不含 2001 元）	16506		6	2041	6	1926		1891		2276	1616	0	2890	1178	2676
二、人口（人）												0			
汇入本表的人口（人）	29925	5129	2046	2041	2162	1926	2337	1891	2101	2276	1616	1993	2890	1178	2676
625 元以下的人口（含 625 元）	0		0								0	0			
625 元—684 元	0		0								0	0			
685 元—944 元	0		0								0	0			
945 元—1300 元	0		0								0	0			
1301 元—1500 元	0		0								0	0			
1501 元—1700 元	0		0								0	0	0		
1701 元—2000 元	0		0								0	0	0		
2001 元以上的人口（不含 2001 元）	32262	5129	2046	2041	2162	1926	2337	1891	2101	2276	1616	1993	2890	1178	2676